HANSPETER OSCHWALD
Der Klosterurlaubsführer

HERDER spektrum

Band 5992

Das Buch

Urlaub im Kloster – zunächst ein Geheimtipp für wenige, inzwischen ein gut etablierter Trend. Angebote gibt es für spirituell Interessierte ebenso wie für Menschen, die neben der Ruhe auch Wellness genießen möchten. Den bewährten Klosterurlaubsführer von Hanspeter Oschwald gibt es jetzt in aktualisierter Neuausgabe in neuer, attraktiver Ausstattung: Tipps und Adressen europaweit.

Der Autor

Hanspeter Oschwald war jahrelang für die dpa tätig, davon sechs Jahre in Italien und fast neun in Frankreich. Er leitete über mehrere Jahre das Auslandsressort des Nachrichtenmagazins „Focus".

HANSPETER
OSCHWALD

*Der Kloster-
urlaubsführer*

ERFAHRUNGEN – INFORMATIONEN – TIPPS

HERDER

FREIBURG · BASEL · WIEN

Aktualisierte und erweiterte Neuausgabe 2008

© Verlag Herder Freiburg im Breisgau 2000, 2008
www.herder.de

Umschlagkonzeption und -gestaltung:
R·M·E Eschlbeck/Botzenhardt/Kreuzer
Umschlagmotiv: © Werner Richner

Motiv Kapiteldeckblätter: Werner Richner
Innengestaltung:
Weiß-Freiburg GmbH – Graphik & Buchgestaltung
Herstellung: fgb · freiburger graphische betriebe
www.fgb.de

Gedruckt auf umweltfreundlichem, chlorfrei gebleichtem Papier
Printed in Germany

ISBN 978-3-451-05992-6

Inhalt

Auf dem Weg ins eigene Innere

Die Suche nach Selbsterkenntnis und Sinn führt immer
mehr Menschen zeitweise ins Kloster

Ein Trend hat sich in zehn Jahren in der ganzen Welt ausgebreitet.
Aus dem Geheimtipp hat er sich zur Selbstverständlichkeit entwickelt. Er einigt einfache Menschen, Spitzenmanager, Studenten und Familien, Erfolglose und Erfolgreiche. Die Päpste machen
keine Ausnahme. Sie empfehlen den zeitweisen Rückzug in die
Einsamkeit, in die Stille eines Klosters oder einer Einsiedelei. Aus
Amerika schwappte die Welle der neuen Innerlichkeit, des New
Age, nach Europa über, wo sich die christlichen Klöster ihrer Ver-
gangenheit besannen und die Pforten für Menschen öffneten, die
auf der Suche sind nach dem Sinn – sei es in der Midlife-Crisis
oder zu einem anderen Zeitpunkt ihres Lebens –, ohne gleich mit
der Bibel zu winken. Der Trend heißt Suche nach Spiritualität.

Der Materialismus lässt auf Dauer zu viele Fragen offen.

In manchen Klöstern sind die sonst leeren Zellen zeitweise mit Gästen voll ausgebucht. Einige melden schon monatlich 50 Menschen, die das Kloster auf Zeit ausprobieren wollen. Studenten ziehen sich hinter Klostermauern zurück, um sich auf Examen vorzubereiten. Manager überlassen sich der Stille, um vor großen Projekten innere Ruhe und Gelassenheit zu finden. Menschen wie Du und ich erholen sich von den Erschöpfungen des Alltags hinter Klostermauern. Überall in Europa haben sich die Klöster geöffnet, um die Entdeckung des Inneren zu fördern und bisweilen auch, um gefährlichen ideologischen Irrwegen oder Scharlatanerie vorzubeugen.

Überall in Europa machen Menschen Erfahrungen, die sie in der Hetze des Alltags nicht mehr für möglich gehalten haben. Im „Manager Magazin" berichtet ein Headhunter, wie er sich als Exot in einem Kreis fühlte, wo sich alle duzten und wo er seit einem ersten Experiment auf dem Weg zur inneren Einkehr inzwischen Stammgast ist: im Benediktinerkloster von Ottobeuren. Gefragt sind zwar auch die klassischen Exerzitien, wie sie die meisten aktiven Katholiken irgendwann in ihrem Leben erlebt haben. Doch niemand nennt die Aufenthalte in einem Kloster auf Zeit heute noch geistliche Übungen im Sinne ihres Erfinders, Ignatius von Loyola, dem Gründer des Jesuitenordens. In erster Linie suchen die Klostergäste intensive Ruhe, die ihnen die Konzentration auf das Wesentliche erlaubt, das Wesentliche ihrer beruflichen oder privaten Lage, ihres Berufs oder ihres ganzen künftigen Lebens. Das finden viele heute, wie es in einem Magazinbeitrag heißt, „offensichtlich nur noch hinter dicken Klostermauern". Nur sie scheinen die Hektik der Welt ausreichend auf Distanz zu halten.

Ferien vom Ich und Suche nach Selbstvergessenheit führen dabei im Extremfall bis in ein Kloster der Trappisten, die sich dem absoluten Schweigen verpflichtet haben. Eines ist das Kloster Marienwald und liegt in der Eifel. Seine Mönche wollen mit niemandem sprechen, wollen niemanden missionieren und niemandem etwas beibringen. Sie leben in Weltabkehr, in völliger Entsagung nur für Gott – das Ambiente des Klosters zieht offensichtlich nicht nur wegen der extremen Bedingungen Besucher an. Das Schweigekloster scheint ideale Voraussetzungen zu bieten, um „auf das Schweigen der Stille zu hören", wie es die „Frankfurter Allgemeine Zeitung" in einer Reportage beschrieb.

Gibt es für die Trappisten keine Welterkenntnis oder Gotteserkenntnis ohne Selbsterkenntnis, dann ist schon mit diesen wenigen Worten erklärt, was ein zeitweises Eintauchen in ihre Stille bedeuten kann. Selbsterkenntnis ist nach Überzeugung der Trappisten „nicht möglich, ohne dass der Mensch versucht, eine Ordnung in seinem Leben herzustellen und die Gesetzesmäßigkeit der Natur und des eigenen Körpers zu erkennen und danach zu handeln. Und dort, im tiefsten Inneren von sich selbst, erfährt der Mensch Gott, erfährt er die Wahrheit."

Der Weg dahin beginnt gewöhnlich mit einem Schock. Kaum jemand kann vor dem Eintritt ins Kloster und bevor sich dessen Pforten für einige Zeit geschlossen haben, sich vorstellen oder erahnen, wie er auf die Stille reagiert. Es scheint unerwartet schwierig zu sein, sich in einer kargen Zelle einfach hinzusetzen und sozusagen darauf zu horchen, was in einem selbst zu einem sprechen will. Ein Ausweichen gibt es nicht, weil alles, was zur Ablenkung verleiten könnte, aus dem Raum verbannt ist.

Nach einem Kloster-auf-Zeit-Besuch bei den Benediktinerinnen schilderte eine Teilnehmerin später: „Ich hatte mich so auf das Schweigen und eine absolute Stille gefreut, hatte mir nicht vorstellen können, dass sich dann in dieser Stille in mir ein solcher Lärm, ein solcher Zirkus entwickeln würde. Da war was los in meinem Kopf. Zwei Tage habe ich gebraucht, bis es wirklich still in mir wurde. In diesen ersten ‚wilden‘ Tagen waren mir die Menschen um mich zu viel, obwohl ich mir beim Stehen, Gehen, Sitzen wie eine Gefangene vorkam. Die Individualistin in mir protestierte. Am dritten Tag war alles ruhig. Keine störenden Menschen, kein Gefängnis mehr, sondern unendlich viel Raum."

Das Zeugnis über eine Erfahrung, die trotz des ausgeprägt christlichen Rahmens keine religiöse im engeren Sinn ist. So beobachten die gastgebenden Klöster auch keineswegs einen Andrang nur vonseiten der kirchlich Engagierten. Diese nutzen vermutlich auch die traditionellen Angebote etwa in den katholischen Organisationen. Das Kloster auf Zeit hat sich als ein Angebot erwiesen, das auch Intellektuelle und Menschen in verantwortungsvollen Positionen anspricht. In der Vielfalt der Selbstfindungsgruppen und Trips in pseudospirituelle Abenteuer scheinen die Klöster eine seriöse Offerte zu bieten, die kalkulierbar und risikolos nutzbar ist. Auf jeden Fall finden sich hinter Klostermauern keine irrealen Heilslehren, sondern eine Erfahrung, die letzten Endes jahrhundertelang die Gesellschaft geprägt hat, insofern auch etwas vermittelt, das über die individuellen Erwartungen hinaus auch einen Weg zurück zu den Quellen weist.

Dieses Buch will nicht nur über das umfassende Angebot von Kloster auf Zeit in Europa informieren, sondern soll auch bei der Wahl des richtigen Ortes helfen. Den Anfang dieser Form der zeitgemäßen Erwachsenenbildung machte das Benediktinerkloster in Niederaltaich an der Donau zwischen Regensburg und Passau. Ihm ist nicht nur deswegen ein großes Kapitel gewidmet. Niederaltaich bietet auch das intensivste Programm und eine wissenschaftliche Untersuchung. Pater Vinzenz Michael Proß hat seine Diplomarbeit über das Niederaltaicher Modell geschrieben. Proß war Arzt, evangelisch und Absolvent des Klosters auf Zeit. Er ist inzwischen Mitglied des Benediktinerordens. Seine fundierte Arbeit erschien 1996 in Salzburg am Institut für Katechetik und Religionspädagogik. Ihr einziger Nachteil: Da der Autor Ordensmitglied ist, kann leicht der Eindruck entsteht, als wollten die Klöster nicht ganz uneigennützig mit dem „Kloster zum Schnuppern" ihre Nachwuchsprobleme lösen, zumal in den meisten Niederlassungen nur ein Bruchteil der Zellen belegt und die meisten Mönche und Nonnen überaltert sind.

Der Weg von Frater Proß zeigt zwar alle wichtigen Elemente von Kloster auf Zeit auf. Sein Ziel aber ist atypisch und gilt nicht für die große Mehrheit aller Klostergäste. Seine Ausnahme bestätigt nur die Regel. Was er vor über zehn Jahren fetsgehalten hat, gilt noch immer. Es ist aber inzwischen durch neue Erfahrungen und Angebote bereichert worden. Frauenorden haben die Scheu vor dem Öffnen ihrer Ordenshäuser verloren und sie entwickeln neue Möglichkeiten, die schon als altmodisch den Niedergang vor sich gesehen hatten.

Das Zauberwort heißt Wellness, aber nicht nur im Sinn von Fitness und körperlicher Leistungsfähigkeit. Die Wellness von Leib und Seele wieder herstellen, haben sich besonders Dominikanerinnen vorgenommen. Bei denen hatte schließlich auch Pfarrer Kneipp in Bad Wörishofen seine ersten Erfahrungen gesammelt.

Beten, arbeiten und schweigen

Das Angebot der einzelnen Orden, ihre Geschichte
und ihre Ziele

Mystische Erfahrungen bilden einen wesentlichen Teil aller religiösen Orden. Das klösterliche Leben und Pflegestätte der mys-
tisch erkundbaren Dimension des eigenen Ich begleitete das gesamte christliche Abendland. Dabei haben sich für jeden Orden
spezifische Übungen und Praktiken herausgebildet, die auch bei
der Wahl des Klosters auf Zeit berücksichtigt werden sollten.
Ein kleines Alphabet der Orden soll bei der Auswahl helfen. Berücksichtigt sind in diesem Führer allerdings nur jene Gemeinschaften, die Kloster auf Zeit im weiteren Sinne anbieten.

Die Suche des modernen Menschen nach Sinn schien jahrelang an den Institutionen vorbeizugehen, die sich seit Jahrhunderten auf die Antworten auf die Frage nach dem Sinn des Le-

bens eingestellt haben. Das Angebot der Klöster mag deshalb spät kommen, aber es kommt. Vielleicht haben die Last der Geschichte und der Verlust der Glaubwürdigkeit der Kirchen ihnen zu lange den Blick für heutige Bedürfnisse verstellt. Ihr Erbe soll dennoch nicht vergessen werden. Ein Blick zurück in die Entstehung der Klöster kann deshalb helfen, die Tradition für heutige Problemstellungen zu nutzen.

Mönch leitet sich vom griechischen Wort monachós ab, das den allein oder einzigartig Lebenden meint. Es bezeichnete ursprünglich eine überwiegend von Männern praktizierte besitz- und ehelose Lebensweise, deren Zielsetzung rein religiös ist. Das christliche Mönchstum orientiert sich an der Idealgestalt von Christus durch völlige Hingabe an Gott durch die Christusnachfolge. Kennzeichnend ist die Befolgung der sogenannten evangelischen Räte: Armut, ehelose Keuschheit und Gehorsam.

In der mehr oder weniger stark ausgeprägten Einsamkeit widmeten sich die ersten Mönche nahezu vollständig dem Gebet und der Suche nach Gott. Jahrhundertelang sahen sich die Klöster als alternative Gesellschaft zur Welt, der sie sich zudem überlegen fühlten. Sie waren geleitet von der Gewissheit, ihre Mitglieder zur Perfektion führen zu können. Wer ihnen nacheiferte, trug zum Heil der gesamten Menschheit bei. Wurzeln dieser Auffassung fanden die Klöster im alten Judentum, beispielsweise bei den Essenern, denen Jesus mitunter zugerechnet wird, die ihn zumindest beeinflusst haben. Wurzeln finden sich aber auch in fernöstlichen Religionen wie dem Buddhismus, dem Jansenismus und dem Taoismus. Die ersten christlichen Mönche standen noch ganz unter dem Eindruck der baldigen Endzeiterwartung und dem dafür erforderlichen Bruch mit der weltlichen Gesellschaft.

Den antiken Formen, die sich heute noch bei Einsiedlern finden, folgte ein Mönchstum der völligen Entsagung. Neben Armut und Keuschheit unterwarfen sich nun die Mönche dem Fasten, Schweigen und körperlicher Züchtigung, um sich allein auf das Werk Gottes zu konzentrieren, von dem nichts Irdisches ablenken sollte. Aus Gleichgesinnten formten sich kleine Gemeinschaften, die als Modellgesellschaften den Einzelnen aller weltlichen Bedürfnisse enthoben. Sie sorgten für ihn, damit er völlig frei sein konnte für den Dienst an Gott. Der Einzelne verzichtete auf jeden Besitz; die Gemeinschaft unter der Führung eines Abtes (griech. abbas = Vater) dagegen durfte Besitz annehmen.

In der Ostkirche von Kleinasien bildete sich das Mönchstum nach den Regeln des heiligen Basilius des Großen heraus, dessen Name bald zum Synonym östlicher Mönche (Basilianer) wurde. Das war etwa zweihundert Jahre, bevor Benedikt von Nursia auf dem Montecassino zwischen Rom und Neapel seiner Laiengemeinschaft Regeln verordnete, die wegen ihrer Praxisnähe zum Fundament abendländischen Mönchstums wurden, auch wenn der heilige Augustinus schon vorher Prinzipien für das Mönchstum aufgestellt hatte. Sie orientieren sich aber bis heute mehr an einem mönchischen Priestertum, das in der allgemeinen Seelsorge integriert ist. So verstehen sich die Augustiner nicht als weltabgeschiedene Patres, sondern als klösterlich organisierte Priester in der allgemeinen Seelsorge.

Die Benediktinerregeln brauchten jedoch gut weitere zweihundert Jahre, bis sie sich durchsetzten. Höchste Bedeutung über die Kirche hinaus erreichten die Benediktiner im Heiligen Römischen Reich Deutscher Nation. Benediktiner stiegen zu den Entwicklungshelfern des Abendlandes auf. Sie urbanisierten Germanien und legten den Grundstock für die christlich-abendländische Kultur, weil sie die Klöster nicht als nach innen gerichtete Heilsstätten verstanden, sondern als Keimzellen der Evangelisierung ihrer Umwelt. Ihre Äbte stiegen zu höchsten Würden auf. Der Adel legte Wert auf die Ausbildung seiner Kinder in den Klöstern und verstand die reichen Klöster zunehmend als verlockende Pfründe. Mit dem Niedergang der mittelalterlichen Gesellschaft, dem Aufstieg der gegen Dekadenz und Reichtum aufbegehrenden Bettlerorden, vor allem der Franziskaner, schließlich mit der Reformation schwand die Bedeutung der Klöster. Die demokratische Gesellschaft suchte sich andere Träger für Bildung und Kultur. Antikirchliche Gesellschaften, ausgelöst durch die französische Revolution, drängten die Klöster ins Abseits. Viele wurden geschlossen, anderen Bestimmungen zugeführt, ihre Orden in einigen Ländern sogar verboten. Die moderne Gesellschaft schien keinen Wert mehr auf ein kontemplatives Leben und auf mönchische Ideale zu legen. Dieser Zustand dauert im Prinzip bis heute an, weshalb es für manche überraschend ist, dass ausgerechnet aus den Klöstern Antworten für Probleme des heutigen Individuums kommen sollen.

Im allgemeinen Sprachgebrauch werden die Klöster mit einem kirchlichen Orden in Verbindung gebracht. In Wirklichkeit gehören nur die meist sehr alten religiösen Gemeinschaften zu den Ordensgemeinschaften. Die kirchenrechtliche Unterscheidung spielt jedoch nur für Fachleute eine Rolle. Nur sie finden sich auch in der Vielfalt von heute über 2000 Ordensgemeinschaften zurecht, von denen jede für sich einen bestimmten Auftrag beansprucht, wie sie die Nachfolge Christi vollzieht. Die Unterschiede beziehen sich häufig weniger auf den Lebensstil als auf das Betätigungsfeld, etwa die Mission in Afrika (die Weißen Väter), die Arbeit für die Jugend, in den Schulen (Salesianer) oder das stille Gebet (Kartäuser, Trappisten), die Verkündigung durch die Predigt (Dominikaner) oder die Arbeit in neuheidnischen, marxistischen Gesellschaften, ein besonderer päpstlicher Auftrag für die Jesuiten. Viele Orden ähneln sich, weil sie sich auf denselben Gründer berufen. Sie bilden Kongregationen oder Familien, die sich unter bestimmten historischen Bedingungen herausgebildet haben, sich aber heute kaum voneinander unterscheiden.

An der ersten Stelle aller abendländischen Ordensgemeinschaften stehen bis heute

– die **Benediktiner** (OSB, Ordo Sancti Benedicti). Ihr Gründer
ist Benedikt von Nursia, der um das Jahr 500 in einer Einsiedelei bei Subiaco, 70 Kilometer südöstlich von Rom, ein
Eremitendasein gefristet hat. Anhänger fühlten sich von dem
heiligmäßigen Mann angezogen. Er gründete mehrere neue
Einsiedeleien, bis er unter nicht ganz geklärten Umständen an
der Stelle eines altrömischen, heidnischen Tempels auf dem
Berg bei Cassino ein Kloster gründete. Dort organisierte er
mit einer kleinen Gemeinschaft von durchweg Laien, also
nicht Priestern, eine religiöse Gemeinschaft, die durch klare
hierarchische Gehorsamsstruktur, einen durch feste Regeln
bestimmten Tagesablauf, Gebete, karge Kleidung und Le-
bensvorschriften die klarsten Konturen einer durchgegliederter-
ten und präzise definierten Gemeinschaft aufwiesen. In ihr
hatte jeder seinen festen Platz und damit seine Sicherheit.

Die Basis benediktinischen Lebens bildet das Gleichgewicht
zwischen Besinnung und Arbeit (Ora et Labora). Es diktiert den
Tagesablauf, der gewöhnlich um 5:00 Uhr mit den ersten Gebeten beginnt, die in der Gemeinschaft lateinisch gesungen werden, und spätestens um 22:00 Uhr wiederum mit dem Abendgebet endet. Die Liturgie wurde von den Benediktinern besonders
gepflegt. Die schönsten gregorianischen Gesänge sind noch immer in Benediktinerklöstern zu hören. Für manche Menschen,
die beim Kloster auf Zeit nur abschalten wollen, sind schon die
lateinischen Gesänge ausreichend, um etwa an einem verlänger-
ten Wochenende Abstand zum Alltag zu finden.

– Die **Dominikaner** (OP) sind im zwölften Jahrhundert im
Kampf gegen den angeblichen häretischen Glauben der Ka-
tharer und Albigenser in Südfrankreich entstanden. Der Orden leidet bis heute darunter, dass er die führende Rolle der
Inquisition gespielt hat. Die schrecklichsten Folterer kamen

aus dem Kreis der Dominikaner. Ihre ursprüngliche Motivation leitete der spanische Ordensgründer Domenico Guzman jedoch von der Erkenntnis ab, dass zahlreiche Irrlehren nur auf dem Boden der Unwissenheit in Glaubensfragen gedeihen konnten. Er verpflichtete deshalb seine Gemeinschaft auf die Verbreitung von religiösem Wissen durch ebenso einfache wie eindeutige Sprache. Der Orden sollte die Predigt in den Mittelpunkt stellen, daher sein Name Predigerorden (lateinisch OP abgekürzt, Ordo Fratrum Praedicatorum).

Neben dem Männerorden haben sich Frauengemeinschaften gebildet, die unter der Bezeichnung Dominkanerinnen sehr unterschiedliche Familien bilden. Sie wirken in Schulen, was in diesem Zusammenhang vernachlässigt werden kann. Mit ihrem Namen sind aber seit dem 19. Jahrhundert verschiedene Heil- und Kureinrichtungen verbunden, wo die klassischen Kneipp-Anwendungen angeboten werden. Die Dominikanerinnen besinnen sich wieder auf diese Tradition und aktualisieren sie im Trend von Kloster auf Zeit.

– Die **Franziskaner** (OFM, Ordo Fratrum Minorum) berufen sich auf den 1226 gestorbenen Heiligen Franz von Assisi. Franziskus wollte ein ganz vom Evangelium geprägtes Leben führen, stellte aber besonders die individuelle Armut in den Vordergrund. Seine Anhänger bilden die riesige Familie der Bettelorden, zu denen im engeren Sinne neben den Franziskanern auch die Kapuziner, die Klarissen und Konventualen gehören. In den aufstrebenden mittelalterlichen Städten wurden die Bettelmönche durch ihre volkstümlichen Predigten und ihr einfaches Leben bald die wichtigsten religiösen Gemeinschaften. In vielen Ländern, darunter auch Deutschland, unterhalten sie bis heute zahlenmäßig die meisten Klöster. Zu den Franziskanern gehören auch Laien, die einen sogenannten Dritten Orden (der zweite Orden sind Franziskaner, die ein beschauliches, ein kontemplatives Leben führen) bilden und sich in ihren weltlichen Berufen und Familien franziskanischen Idealen verpflichtet haben.

– Die **Jesuiten** (SJ) sind aus einer kleinen Gemeinschaft von Intellektuellen um Ignatius von Loyola 1534 entstanden. Das Fundament der Societas Jesu (Gesellschaft Jesu, SJ) bildeten die gemeinsamen geistlichen Übungen, die jesuitischen Exerzitien. Ihr wichtigstes Betätigungsfeld war die Bildungsarbeit. Zahlreiche katholische Spitzenschulen, darunter bis heute berühmte Internate, werden von dieser als Eliteorden geltenden Gemeinschaft geführt. Die sprichwörtliche Intelligenz und Schläue der Jesuiten weckte bald Verdächtigungen und führte wiederholt zu Verboten des Ordens, dessen Blüte in der Zeit der Gegenreformation lag. In der Moderne wurden Jesuiten besonders mit der Bekämpfung des Marxismus und mit der Auseinandersetzung mit atheistischen Ideologien betraut.

– Die **Kartäuser** bilden den strengsten katholischen Orden. Ihre Gemeinschaft stammt aus dem elften Jahrhundert und führt ihren Namen auf das Kloster von Chartreuse (Kartause) zurück. Kartäuser sind eigentlich organisierte Einsiedler, die nur zum Gottesdienst zusammenkommen. Ansonsten verpflichtet sie ihr Gelübde zur Stille und zum Schweigen.

– Die **Zisterzienser** und die **Trappisten** haben dieselben Wurzeln, nämlich den Benediktinerorden, den ihre Gründer erneuern wollten. Der erste Versuch ging im zwölften Jahrhundert vom Kloster Zisterz im Burgund aus. Bernhard von Clairvaux führte die Gemeinschaft durch Besinnung auf die Ursprünge des zwischenzeitlich zu sehr verweltlichten Benediktinerordens zu hoher Blüte, bis auch seine Gemeinschaft Zerfallserscheinungen zeigte und im 17. Jahrhundert vom Kloster La Trappe in Nordfrankreich aus eine neuerliche Reformgruppe sich herausbildete und selbständig wurde. Im Mittelpunkt steht die individuelle Heiligung.

– Die **Prämonstratenser** entstanden ebenfalls im zwölften Jahrhundert als Bewegung gegen die Verweltlichung des Klerus. Ausgangsort war das Kloster Prémontré. Zielgruppen sind die Pfarrgemeinden, die der Orden durch Volksmissionen beleben will.

– Die **Redemptoristen** entstanden im 18. Jahrhundert in Italien als Gesellschaft vom göttlichen Erlöser, die von vornherein mit geistlichen Übungen (Exerzitien) die Menschen zum Glauben bekehren wollte. Die Zielgruppe dieses beschaulichen Ordens sind vor allem Menschen, die von den üblichen Seelsorgestrukturen nicht erfasst werden.

– Die **Salesianer** praktizieren vielleicht die modernste Form der Benediktinerregeln, weil sie erst im 19. Jahrhundert entstanden sind und von vornherein auf die Rechte und Pflichten ihrer Mitglieder als Teile der bürgerlichen Gesellschaft Wert legten. Charakteristisch sind ihr ausgeprägtes Apostolat in der Jugendarbeit und die Pressearbeit. Der Orden kennt keine eigene Ordenstracht.

Die meisten Orden haben auch weibliche Zweige, darunter die Benediktinerinnen. Einige Gemeinschaften wie die in den Sozialdiensten engagierten Ursulinen bestehen ausschließlich aus Nonnen. Grundsätzlich bieten auch Frauenkonvente Kloster auf Zeit an. Für Frauen sind das Angebot und die Nachfrage zur Zeit aber weitaus geringer als für Männer. Wie weit dies an der religiösen Praxis, an der beruflichen Beanspruchung und Stellung oder einfach an der geringeren Bekanntheit der Möglichkeiten liegt, ist bislang nicht untersucht worden. Überhaupt scheint das Kloster auf Zeit zwar einem verbreiteten Bedürfnis zu entsprechen, aber noch auf viele Vorurteile zu stoßen. Das liegt nach meinen Beobachtungen in erster Linie in der kirchlich-religiösen Einstellung der Mehrheit der Bevölkerung.

Untersuchungen beweisen, dass zwar der überlieferte Glaube und die kirchliche Praxis viel Einfluss und Attraktivität eingebüßt haben. Die meisten Menschen haben sich aus Versatzstücken religiöser Erfahrungen in der Kindheit, aus Katechismuswissen und aktuellen Informationen, aus diffusen Gottesbildern und Lebenserfahrungen ihren Glauben zusammengezimmert. Das individuelle Konstrukt mag für den Alltag ausreichen – in Krisensituationen jedoch oder vor wichtigen Einschnitten im Leben drängt es viele dennoch zu einer Bestandsaufnahme, die a priori zunächst einmal nicht religiös motiviert ist. Sie wenden sich deshalb eher an die Angebote, wie sie die Erwachsenenbildung, berufsbezogene Seminare oder auch Publikationen mit ausgeprägtem Ratgebercharakter offerieren – einschließlich fernöstlicher Erfahrungen mit Meditationsübungen. Kirchliche Muster rücken gewöhnlich bei der Suche nach Orientierung nicht in das Blickfeld. Viele, die zum ersten Mal ein Kloster auf Zeit besucht haben, ließen in ihrem Bekanntenkreis nichts davon verlauten. Sie machten Urlaub und waren einfach nicht erreichbar. Totales Abschalten. Erst nach erfolgreichem Wieder-Fuß-Fassen gestanden sie den Rückzug ins Kloster ein, wie etwas Intimes, über das man nicht gerne spricht. Klöster als gesellschaftlich belächelte und gemiedene Randerscheinung?

Tatsächlich hängt die Missachtung der Klöster viel mit einem weit verbreiteten ungeschichtlichen Denken zusammen. Unwissen und Unterstellungen verhindern, dass sich die Schätze der uralten Traditionen nutzbar machen lassen, die bis heute wenig an Gültigkeit verloren haben, weil der Mensch sich so radikal auch nicht geändert hat. Die 1962 in Niederaltaich geborene Idee des Klosters auf Zeit könnte dem Gast nicht nur individuelle Hilfe bieten, sondern auch den Anschluss der Klöster an die Neuzeit fördern, auch wenn dieser keineswegs in einen massenhaften Zustrom von Mönchen und Nonnen mündet. Das dürfte sehr stark davon abhängen, ob die Klöster sich auf eine streng christliche Evangelisierung versteifen, möglicherweise noch konfessionell geprägt. Oder ob sie einfach nur die Motivation der Gäste ernst nehmen und aus der tieferen Kenntnis des Menschen ein zunächst einmal nicht auf Glauben fixiertes Programm praktizieren. Denn eines scheint klar zu sein: Religiöse Erfahrungen sucht nur eine Minderheit im Kloster auf Zeit. Die meisten wollen ihre persönlichen Probleme lösen, suchen also Lebenshilfe.

Die Erfinder des Klosters auf Zeit

Wie in Niederaltaich die Klosterpforten geöffnet wurden

Vom Shareholder Value war in den sechziger Jahren noch nicht die Rede. Der Börsenwert von Firmen interessierte in Deutschland nur eine fachkundige Minderheit. Dennoch spürte der Vorsitzende der Münchner Bauland-Gesellschaft, Gerhard Höpner, wie die Gesellschaft immer mehr nur noch materialistisch dachte, wie wenig das geistliche Leben noch eine Rolle spielte. Höpner empfand diese Entwicklung als umso schmerzlicher, als er selbst auf vielen Auslandsreisen andere Gesellschaften kennen gelernt hatte, in denen Spiritualität einen wesentlichen Teil des Lebens darstellte. Spitzenpolitiker und Unternehmer nahmen sich regelmäßig bis zu einem Jahr Zeit, um geistige Kräfte für ihren Alltag zu gewinnen. Besonders in buddhistischen Ländern war es üblich, dass sich Politiker, wie etwa der damalige UN-

Generalsekretär U Thant oder der birmanische Präsident UNu vor wichtigen Entscheidungen für einige Zeit in ein Kloster zurückzogen.

In Deutschland gab es weit und breit kein vergleichbares Angebot. Höpner nahm deshalb Kontakt mit dem erzbischöflichen Ordinariat in München auf, wo ihm der Weg zu Abt Emmanuel Heufelder und dessen Benediktinerkloster in Niederaltaich bei Deggendorf gewiesen wurde. Heufelder könnte eventuell „ein solch gewagtes Vorhaben realisieren", wurde ihm signalisiert. 1961 besuchte Höpner erstmals die niederbayerische Abtei – und trug dort die Idee von einer Einkehrzeit im Kloster vor. Was er nicht wusste, war, dass die Benediktiner schon selbst mit solchen Gedanken spielten. Pater Ansgar Ahlbrecht hatte bereits den Begriff geprägt für die noch etwas verschwommene Idee „Kloster auf Zeit".

Ende 1961 verfassten Höpner und die Niederaltaicher ein Rundschreiben, das dann als vertraulich und persönlich im Januar und Februar 1962 an etwa 800 Männer versandt wurde, bei denen die Autoren aufgrund persönlicher Kenntnisse ein gewisses Interesse voraussetzen konnten. In katholischen Akademikerkreisen war schließlich schon früher über alternative Programme für Einkehrzeiten und Erwachsenenbildung für Anspruchsvolle und für Verantwortungsträger nachgedacht worden.

Der Brief trug den Titel „Benediktinerkloster auf Zeit für Christen unserer Tage". Er war nicht nur eine Einladung, sondern stellte das ganze Programm vor. Er lautete:

„Hiermit möchte ich Christen der heutigen modernen Welt, insbesondere Persönlichkeiten, die an verantwortungsvoller Stelle in unserem öffentlichen Leben und in der Wirtschaft stehen, ferner die akademische Jugend zu einem Klosterleben von etwa zwei bis drei Wochen Dauer einladen.

In der buddhistischen Religion ist das Klosterleben auf Zeit üblich, Könige, Staatsmänner, Ärzte, Wirtschaftsführer, aber auch Angestellte und Arbeiter leben für kurze Zeit wie Mönche in einem Kloster, um sich zu konzentrieren. In diesem Zusammenhang darf ich auf den von den Vereinten Nationen einstimmig zum neuen Generalsekretär ernannten Burmesen U Thant hinweisen ...

Eine Beobachtung in den europäischen und europäisch beeinflussten Ländern zeigt, dass die Materialisierung des gesamten Denkens und Lebens der Menschen immer größeren Umfang angenommen hat. Gleichzeitig treten aber auch erfreulicherweise schon Reaktionen auf, und ich konnte mit vielen Menschen erkennen, dass eine große Sehnsucht besteht, sich von der materialistischen Zielstrebung zu entfernen und wieder nach innen zu kehren.

Durch kürzlich von mir unternommene Reisen in die USA und insbesondere nach der Sowjetunion hat sich mir diese Erkenntnis verstärkt. Daraus erwuchs der Plan, diese Sehnsucht zahlreicher Persönlichkeiten nach Entmaterialisierung und Vertiefung ihres Glaubens in einem kurzen Klosterleben auf Zeit zu erfüllen. Die Benediktinerabtei Niederaltaich, bekannt durch ihre Arbeit im Dienste der Einigung der getrennten Christen, hat sich bereit erklärt, den Versuch eines solchen Klosters auf Zeit zu ermöglichen.

Der heilige Benedikt kennt drei Hauptbeschäftigungen seiner Mönche: Gotteslob – Lesung – Arbeit. Dementsprechend feiern die Mönche auf Zeit das Gotteslob vom Frühoffizium der Laudes bis zu der den Tag abschließenden Komplet mit den Mönchen. Sie nehmen mit ihnen auch die Hauptmahlzeiten im Refektorium der Abtei ein. In dem bei der Abtei liegenden St. Guntherhaus erhalten sie Wohnung und widmen sich der Lesung. Sie erhalten dazu Unterweisung über Wesen und Praxis des geistlichen Lebens, Einführung in das Gebetsleben, in den Gebrauch der Heiligen Schrift. Es wird Gelegenheit gegeben werden, über konkrete Probleme des christlichen Lebens in der Welt zu sprechen. Als Arbeitsleistung sorgen die Teilnehmer (wie in Caux, dem Zentrum der moralischen Aufrüstung) selber für Ordnung in ihren Wohnzellen und im Guntherhaus. Es wird die Möglichkeit geboten werden zu Arbeit im Garten, in der Bibliothek der Abtei, im Dienst der Una-Sancta.

Die Teilnahme am Klosterleben auf Zeit soll keine Flucht vor der Welt bedeuten. Sie soll den Menschen beruhigen und verinnerlichen, soll ihn bescheidener und einfacher machen, damit er nach Beendigung der kurzen Klosterzeit mit größerer Ausgeglichenheit und neuer Glaubenskraft in diese turbulenten Zeitläufe zurückkehren kann. Es liegt hier etwas Ähnliches wie im militärischen Bereich vor. Wer als Reserveoffizier beispielsweise zu militärischen Übungen eingezogen wird, muss ziviles Leben und Familie für kurze Zeit aufgeben und sich ganz der Befehlsgewalt und Ordnung der Truppe unterwerfen. Im Kloster auf Zeit soll sich der Katholik ebenfalls strenger Ordnung fügen, um das gesteckte Ziel zu erreichen. Das Leitmotiv des Klosters auf Zeit würde ich in Matth 16, Vers 26, sehen: ,Denn was würde es einem Menschen nützen, wenn er die ganze Welt gewinnt, an seiner Seele aber Schaden leidet.'

Wie oft erleben wir es, dass viele unserer gehetzten Mitmenschen erst im Krankenhaus oder Sanatorium erfahren, dass sie bei ihrem materiellen und nervenaufreibenden Vorwärtskommen eines vergessen haben, nämlich dass ein gesunder Körper und eine gesunde Seele die Basis unseres ganzen Lebens sind. Das Kloster auf Zeit soll hier helfend eingreifen. So bitte ich alle, die sich angesprochen fühlen, an der ersten Zusammenkunft im Benediktinerkloster Niederaltaich in der Zeit vom 7. bis 27. März 1962 teilzunehmen ...

Wenn das erste ,Kloster auf Zeit' in Niederaltaich erreicht, was angestrebt wird, ist anzunehmen, dass sich auch andere Klöster im deutschen Sprachraum dem Vorhaben anschließen werden. Erst soll aber gewissermaßen – um einen Ausdruck aus der Technik zu gebrauchen – ein Modell laufen, um Erfahrungen zu sammeln. Dies ist auch der Grund, warum diese Einladung ausdrücklich vertraulich und persönlich zu behandeln ist. Eine vorzeitige und übereilte Erörterung unseres ernsten Anliegens etwa in der Presse könnte nur schaden. Erst nach glücklicher und zufriedenstellender Durchführung eines oder mehrerer Versuche ist der Zeitpunkt gekommen, die Öffentlichkeit zu informieren."

Abt Heufelder legte einen Brief bei, in dem er den Plan nicht nur begrüßte, sondern auch die Position des Klosters beschrieb. Er hoffte, dass vielleicht eine Begegnung von Mönchen auf Zeit mit Mönchen für immer fruchtbar für beide Seiten sein könnte.

Etwa 200 Persönlichkeiten meldeten sich bereits für den ersten Kurs an. Aus Platzgründen wurden 16 ausgewählt. Einwände richteten sich vor allem gegen die mit drei Wochen zu lange Dauer der Kurse. Aber auch ein prominenter Theologe kritisierte das Kloster auf Zeit. Hans Urs von Balthasar verglich in völliger Verkennung der Ziele das Klosterleben auf Zeit mit einer Ehe auf Zeit und witterte hinter beiden die verabscheuungswürdige Unfähigkeit vor allem der jüngeren Generation zu einer endgültigen Bindung.

Ansgar Ahlbrecht setzte dem entgegen, dass eine Ehe und die klösterliche Gemeinschaft grundverschieden seien. Eine Ehe sei eine nach außen geschlossene Gemeinschaft. Schon Familie und erst recht die Klosterfamilie stellten ein offenes Gebilde dar. Er hielt es in einer mobilen Gesellschaft für wichtig, dass gerade solche Gemeinschaften sich aufbrechen lassen und den Menschen für eine bestimmte Wegstrecke „Bruderschaft auf Zeit" anbieten. Im Übrigen erwiesen sich die Erfahrungen der Klosterbrüder auf Zeit geradezu als Dementi der Balthasar-Befürchtungen. Die Klostergäste lernten gerade am Beispiel der Mönche den Sinn einer verpflichtenden Bindung.

Als sich die Einrichtung herumgesprochen hatte, sahen sich die Benediktiner schließlich den üblichen Unterstellungen ausgesetzt. In einigen Presseberichten wurde ihnen angehängt, dass es ihnen gar nicht um ein Angebot für von Problemen geplagte Menschen gehe, sondern im Hintergrund der Gedanke stehe, auf diese Weise wieder Mönche auf Dauer zu gewinnen. Höpner wurde als erster bundesdeutscher Amateurmönch bezeichnet; ihm wurde unterstellt, in die bundesdeutsche Prominenz vordringen zu wollen. Die Teilnehmer mussten sich als „Mitglieder des Höpner-Ferienklubs" beschimpfen lassen. Der Ursprung der Idee und die Intention des Initiators wurden gründlich missachtet.

Abt Heufelder bat nach dem Abschluss des ersten Kurses die Teilnehmer um schriftliche Stellungnahmen, damit das Projekt entweder korrigiert oder unverändert weitergeführt werden konnte. Alle 16 Teilnehmer drückten große Dankbarkeit dafür aus, dass sie als Brüder für kurze Zeit in die benediktinische Lebensgemeinschaft aufgenommen wurden.

Die Briefe sind im Klosterarchiv aufbewahrt. Einige Auszüge belegen die Bedeutung des Versuchs. So schreibt ein Teilnehmer: „Mir hat das Kloster auf Zeit einen geläuterten Glauben geschenkt, um den ich mich in wechselnder Intensität lange und mit wenig dauerhaftem Erfolg bemüht habe. Diese Läuterung scheint zunächst in vermehrtem Wissen und Erkennen zu bestehen, dass es zwar viele Wege zu Gott gibt, worunter wahrscheinlich aber einer ist, der, mit Sicherheit wahrnehmbar, personal zugeordnet ist. Wenn der Weg des St. Benedikt mir jetzt – nachdem wir ein kleines Stück darauf gegangen sind – zu einem Leitpfad werden kann, der Gefühl, Gemüt und Intellekt gleichermaßen zur mutigen Entwicklung in Demut und Horchen auf Gott zu führen vermag und vom relativierenden Misstrauen in die Individualität bewahrt, so verdanke ich das nächst Gottes Gnade der Anleitung des Vater Abtes."

Als besonders wichtigen Punkt, so analysierte Vinzenz Proß in seiner Diplomarbeit, unterstrichen fast alle Teilnehmer die Zeiten des Schweigens und die Hinführung zu diesem sowie das Erleben des Schweigens in seiner Spannung zum Gemeinschaftsleben: „Sehr heilsam war das Schweigen. Hier scheiden sich die Geister in einem selbst."

Den schwarzen Chormantel, der allen zum Auftakt überge-streift wird, erlebten fast alle Teilnehmer als Hilfe in einem dop-pelten Sinn. Zum einen als Hilfe zur Integration in die Gemein-schaft der Mönche, zum anderen im Sinne einer inneren Formung des Zur-Ruhe-Kommens. Nur ein Teilnehmer hatte Hemmun-gen, ein Gewand zu tragen, das dem monastischen Habit, der mit so vielen und ernsten Verpflichtungen verknüpft ist, so ähnlich ist: „In unserer Kutte kam ich mir doch etwas wie eine Karikatur von einem Benediktiner vor. Bedenkt man, was ein Pater, Frater oder Bruder mit diesem Mönchskleid auf sich nimmt und was wir auf uns nehmen, dann steht das in keinem Verhältnis. Ich sehe ein, dass es auch eines äußeren Zeichens der Gemeinschaft bedarf, doch vielleicht genügt der schwarze Anorak."

Die stressfreie Atmosphäre drückte ein Teilnehmer mit fol-gender Zuschrift aus: „Auch wenn ich mich nicht als übermäßig religiös bezeichne bzw. über ein ausgeprägtes Religionswissen verfüge, genieße ich die stressfreie, würdevolle Atmosphäre, die einfach der Seele gut tut und Geborgenheit ausstrahlt und mir die Möglichkeit bietet, Kraft zu tanken für die nächsten Runden im Alltagsringen."

Einige Teilnehmer verzeichnen als besonders positive Erfah-rung „... dieses Angebot tut gut. Ich fühle mich wohl. Ich werde zu nichts gezwungen, ich darf zuhören, ohne Stellung nehmen zu müssen." Andere finden zu sich selbst, weil sie „in sich hinein-horchen", sich mit ihren „Stärken und Schwächen auseinander-setzen und auf diese Weise sich selbst finden mit Konsequen-zen für den Alltag: sich zurücknehmen, beim Gespräch dem anderen zuhören lernen, beim Umgang mit anderen spontan Anerkennung zukommen zu lassen. Überhaupt das Anderssein des anderen verstehen zu lernen." Das Kloster auf Zeit biete die Möglichkeit, die Dinge des Alltags neu zu definieren und ihnen eine neue Bedeutung zuzumessen.

Die Entdeckung, dass es wichtigere Dinge gibt, „als nur hinter Geld, Status bzw. Befriedigung durch Konsum herzuhetzen", unterstreicht ein Kursteilnehmer. „Außerdem hilft es, Werte wie menschliche Nähe bzw. Güte in eine Alltagswelt zu übertragen, die weitgehend durch Rücksichtslosigkeit, Egoismus und Kälte geprägt ist."

Was Kloster auf Zeit sein kann, formuliert eine Zusammenfassung von Zuschriften des Klosters Niederaltaich: „Mit der Zeit formte sich die Erkenntnis: Hier wird etwas vermittelt, was ich bisher nur unzureichend erfahren habe: Was macht Christsein aus – im täglichen Leben, im Umgang untereinander, in der Feier des Gottesdienstes. Doch vieles andere wird ebenfalls vermittelt: Wissen über die Bibel, Kirchengeschichte, Liturgie, hier ganz besonders die Ökumene, das byzantinische Glaubensverständnis und der brüderliche Umgang miteinander."

Umgekehrt notierte Abt Heufelder statt aus der Sicht der Teilnehmer aus der Erfahrung der Mönche selbst, „wie es ihn froh mache, wie diese 16 Männer aus der Welt uns ein Beispiel des wahren Gottsuchens geben".

Einige Folgerungen wurden ebenfalls angeregt. So sollte der Kreis nie mehr als 24 Personen pro Kurs zählen. Rein Neugierige sollten ausgeschlossen bleiben. Die meisten Teilnehmer hätten den Aufenthalt gerne verlängert, sahen aber ein, dass dann der Kreis zu sehr beschränkt würde. Vor allem Männer mit den üblichen Verpflichtungen in Familie und Beruf wären ausgeschlossen. Die strenge Disziplin mit frühem Aufstehen und absolutem Ruhehalten machte mehr zu schaffen, als zunächst angenommen wurde. Grundsätzlich sollte Wert darauf gelegt werden, dass Teilnehmer den ganzen Kurs belegten und nicht vorzeitig abreisten. Nur wer mit dem Klosterleben absolut nicht zurechtkam, sollte vom weiteren Verbleib entbunden werden, dann aber zu einem recht frühen Zeitpunkt. Schon beim ersten Kurs zeigte sich ein Phänomen, das in allen vom Autor beobachteten Klöstern und befragten Teilnehmern immer wieder bestätigt wurde: der Stilleschock bereitete das größte Poblem. Es kam sogar schon vor, dass ein Teilnehmer aus der Stille ausbrechen wollte, um in nahe liegenden Ortschaften wenigstens vorübergehend Lärm erleben zu dürfen. Vereinzelt wurden Fälle bekannt, in denen Männer zwar die Stille als äußerst heilsam empfanden, sie aber durch neue Eindrücke leichter zu bewältigen suchten. Sie gingen stundenlang spazieren, um wenigstens die Enge der „Zelle" nicht ertragen zu müssen.

Damals, in den frühen sechziger Jahren, legten Kloster und Teilnehmer noch besonderen Wert auf den Ansatz, im Kloster auf Zeit ein neu praktiziertes, christliches Leben und darüber hinaus eine Rechristianisierung zu sehen.

Immerhin beantwortete der spätere Abt Emmanuel Jungclaussen, der 1976 die Leitung des Klosters auf Zeit bis zu seiner Emeritierung 2001 übernommen hat, die Frage nach der Notwendigkeit einer Änderung mit einem klaren Nein. Bis dahin hatten bereits 75 Kurse stattgefunden. Änderungen gab es nur in einem Punkt, der mit der Rechristianisierung zu tun hat. Ursprünglich glaubte kaum jemand, dass eine „solch massive Form katholischen Lebens" Nichtkatholiken zumutbar sei. Die Frage hat sich in den Folgejahren beantwortet, weil das Kloster keine ernst gemeinte Anfrage abweisen wollte, vielleicht weil auch der Andrang erheblich schwankte. Evangelische Teilnehmer gehören heute selbstverständlich dazu, nicht nur, weil Niederaltaich schon lange ökumenisch ausgerichtet war, sondern weil klösterliche Frömmigkeit nicht von vornherein einen katholischen Stempel trägt. Zu den ersten Interessenten gehörte beispielsweise die evangelische Michaelsbruderschaft. Nach einem ersten Versuch schon 1964 stellte die Bruderschaft fest, dass ihren Brüdern eine solch intensive Teilnahme am klösterlichen Leben „möglich war". Die ersten sechs Teilnehmer empfanden ihre Klosterzeit als „großes und frohmachendes ökumenisches Ereignis".

Alt-Abt Jungclaussen weiß inzwischen sogar von atheistischen Teilnehmern zu berichten, besonders nach der Wiedervereinigung, als aus Ostdeutschland Interessenten nach Niederaltaich kamen. Ob deren Suche nach dem „Kloster auf Zeit" zum christlichen Glauben führte, kann der Abt nicht beantworten. Er kennt das Ergebnis nicht. Es wäre auch zweitrangig.

In den ersten Jahren erwarteten und erfuhren die Teilnehmer in der klösterlichen Atmosphäre verstärkt ein Zur-Ruhe-Kommen und Auftanken. Zehn Jahre später lag der Schwerpunkt dagegen bei der Hilfe zur Orientierung und Gestaltung eines christlichen Lebens aus dem Glauben im Alltag der Welt. Während der Kurse zeichnete sich dadurch die Suche nach einer Form des Betens und Schweigens ab, die für den Alltag tragfähiger war als das Stundengebet der Mönche und die geistlichen Lesungen. Das Gruppengespräch verlor an Bedeutung, Diskussionen gingen zurück, über die Vorträge wird praktisch nicht mehr diskutiert. Dafür wuchs der Bedarf nach Einzelgesprächen, zumal nach den Beobachtungen des Klosters die Meditationsübungen, das Gebet und die geistlichen Vorträge „oft ungeheure seelische Prozesse in Gang setzen".

Die Kloster-auf-Zeit-Kurse in Niederaltaich dauern heute in der Regel für Erstteilnehmer zwei Wochen jeweils von Samstag bis Samstag. Wiederholte Besuche sind auf eine Woche in gesonderten Veranstaltungen angelegt. Anreise ist jeweils samstagnachmittags. Die Gäste werden in dem 1985 fertig gestellten Gästehaus der Abtei untergebracht (in anderen Klöstern allerdings noch immer im Klosterbau selbst, in manchen Fällen sogar in der Klausur in den leerstehenden Zellen). Am Samstagabend werden die Kursteilnehmer begrüßt und am Sonntag werden sie vor der Vesper in den Chormantel eingekleidet.

Die Kloster-auf-Zeit-Brüder feiern den Frühchor im lateinischen Ritus zusammen mit den Mönchen üblicherweise um 5:30 Uhr, ebenso die Mittagshore um 12:15 Uhr und die Vesper um 17:45 Uhr sowie die Komplet um 19:30 Uhr. Frühstück und Nachmittagskaffee nehmen sie für sich allein im Gästerefektorium ein, Mittag- und Abendessen mit den Mönchen in deren Refektorium, wobei jeweils ein Teilnehmer auch den Tischdienst mitmachen muss, wie die Mönche. Vormittags und nachmittags stehen jeweils ein Vortrag oder eine Meditationsübung auf dem Programm. Gelegentlich werden die Teilnehmer neben dem Stubendienst in ihren Zimmern auch zu kleineren Arbeiten herangezogen. Die verbleibende Zeit sollen sie nutzen, um die Stille auf sich wirken zu lassen.

Auf keinen Fall will das Kloster auf Zeit eine Art Akademie sein. Es geht nicht um Vermittlung eines festen Lebenslaufes, sondern um die Hereinnahme in eine bewährte christliche Lebensgestalt, um die Vermittlung erprobter und gelebter Spiritualität im Miteinanderleben, begleitet von geistigen und geistlichen Impulsen. Es sollen Impulse und keine Modelle für das Leben im Alltag gegeben werden. Schon gar nicht soll Nachhilfe in Religionsunterricht vermittelt werden, wohl aber, so heißt es in einem Text des Klosters, „Glaubensverkündigung für Erwachsene".

Davon machten bis Ende der neunziger Jahre allein in Niederaltaich rund 2500 Männer Gebrauch. Alle Berufsgruppen sind mit wenigen Ausnahmen vertreten. Zu den großen Ausnahmen zählen Arbeiter und, entgegen dem Traum der von buddhistischen Erfahrungen angeregten Initiatoren, Politiker und Top-Manager. Sie fehlen fast völlig. Anscheinend ist bei ihnen der Bedarf nach geistiger und geistlicher Orientierung in einem verwirrenden Lebenskontext nicht ausgeprägt. Besonders zahlreich vertreten sind dagegen Beamte, mittlere und leitende Angestellte sowie Freiberufler, darunter vor allem Ärzte und Rechtsanwälte.

Das Kloster Niederaltaich erfragte auch die Motivation der heutigen Teilnehmer und stellte mehrheitlich fest, dass das Kloster auf Zeit vor allem vor schwierigen Lebensentscheidungen aufgesucht wird. Deshalb kommen die Teilnehmer überwiegend aus einem Lebensalter, das mit zentralen Lebensübergängen zusammenhängt: Vor dem Eintritt oder Austritt aus dem Berufsleben, in der Lebensmitte oder in der Ahnung vom Lebensende. In viel schwächerem Ausmaß motiviert die Absicht, hinter Klostermauern nur aufzutanken, zur Kursteilnahme.

Die Kursteilnehmer kehren durchweg mit besonderen Vorsätzen nach Hause zurück. Dazu gehören konkrete Konsequenzen aus der Erfahrung der Stille:

- Weniger fernsehen.
- Erlebtes weitererzählen und somit andere begeistern.
- Erlebtes Glück an die Familie und die Mitmenschen weitergeben.
- Gottesdienstbesuch mit Dank an Gott.
- Manche Themen weiter bearbeiten.
- Die Tage sinnvoller gestalten.
- Ein besserer Mensch werden.
- Zeichen setzen in der alltäglichen Umgebung.
- Wiederbelebte Wertvorstellungen wie menschliche Nähe und Güte im Alltag leben.
- Sich selbst zurücknehmen, dem anderen zuhören lernen.
- Dem anderen vermitteln: Es ist gut, dass du bist.
- Eine gelassene, ruhige und hilfsbereite Verfassung gegenüber den Mitmenschen aufrechterhalten.
- Die anderen in ihrem Anderssein verstehen lernen und ihnen mit mehr Verständnis und Liebe begegnen.
- Mehr Selbstdisziplin aufbringen.

Ein roter Faden zieht sich aber bis heute durch alle Berichte und Untersuchungen über Aufenthalte im Kloster auf Zeit, unabhängig von Ort und Orden: das Schweigen – oder wie einer der ersten Artikel über „einmal Mönch sein" überschrieben wurde: „Manager lernen Schweigen".

„Folgen Sie Ihrem Atem"

Im Chormantel nehmen Mönche auf Zeit Abschied vom
Alltag

Gedränge in einer kleinen Kammer. Zwanzig Männer stehen
vor einem Kleiderständer, an dem es nur einen einzigen Typ
Kleidung gibt. Die Suche nach dem passenden Stück beschränkt
sich auf die Auswahl der Größe. Farbe und Schnitt sind belang-
los. Alle sind schwarz. Alle sind Chormäntel, die sich die Neuankömmlinge im Kloster Niederaltaich überziehen. Ein Ra-
scheln und Rauschen beim Hineinschlüpfen in die bodenlangen
Mäntel, die man über den Kopf ziehen muss.

   Ein Initiationsritus? Ein Brauch zur Osterzeit, die gerade be-
gangen wird, in der man der klösterlichen Etikette entsprechen
soll? Der die Neuankömmlinge betreuende Mönch wehrt ab.
„Ihr Chormantel ist Ihnen ein Symbol dafür, dass Sie sich zwei

Wochen lang während Ihres Aufenthaltes hier aus Ihrer alltäglichen Welt verabschiedet haben. Hier wird etwas Neues." Deshalb tragen, so erläutert der Benediktiner, auch „wir Mönche unsere besondere, unsere schwarze Mönchskleidung. Sie steht für Abschied und Neubeginn."

Das spürt der Münchner Publizist Wilhelm Warning, der sich auf dieses Abenteuer eingelassen hat. Als Gast des Klosters der Benediktiner vollzieht auch er für zwei Wochen nach, was die Mönche vollzogen haben, die für ihr ganzes Leben hier eingetreten sind: den Bruch mit dem bisherigen Leben. Das Alleinsein in der geistigen und gefühlsmäßigen Geborgenheit, die das Kloster bietet, soll die Möglichkeit schaffen, sich auf das zu konzentrieren, was jedem Einzelnen wesentlich erscheint.

Warning spürt beim Kleiderwechsel, dass die zwei Wochen Niederaltaich ihn verändern. Im Überziehen des Chormantels, wie es in Niederaltaich im Gegensatz zu den meisten Gastgebern von Kloster auf Zeit üblich ist, hat er die Veränderung bereits symbolisch vollzogen, die in den folgenden Tagen von ihm Besitz ergreifen soll. „Immer wieder regen die Erfahrungen während der Klosterzeit dazu an, vor sich selbst Bilanz zu ziehen. Im intimen, familiären, persönlichen Bereich, und, davon nicht zu trennen, in Glaubensfragen. Das Verhältnis zum Gebet etwa. Täglich wird man damit konfrontiert. Zum Beispiel beim Mittagessen. Die Tische im Refektorium, dem hellen, lichtdurchfluteten Speisesaal des Klosters, sind hufeisenförmig angeordnet. Schweigend stellen sich Mönche und Gäste auf. Sie auf der einen, wir auf der anderen Seite. Die Gesichter haben wir einander zugewandt. Wir tragen, wie auch zu den Gottesdiensten, die Chormäntel. Der Abt erscheint und nimmt seinen Platz am Kopfende ein. Gemeinsam singen wir einen Choral: das Gebet, das Vaterunser. Dann segnet der Abt die Speise.

Während des Essens herrscht fast immer Ruhe. Nur das Klappern des Geschirrs ist zu hören und die Stimme eines Mönchs, der auf einem gesonderten Pult vorliest, meist etwas

Erbauliches oder Besinnliches, etwa aus einem Buch, in dem die Ordensregel der Benediktiner ausgelegt wird."

Besonders wichtig dabei ist die Stille. Der Kursleiter hat dies bereits bei der Begrüßung deutlich gemacht: „Überlassen Sie sich der Stille. Versuchen Sie, in sich hineinzuhorchen." Die Gäste sind sich in einem Punkt einig. Die Stille ist in der Tat besonders hilfreich, das muss aber nicht in jedem Fall zu einem kirchlichen Gebet führen. Jeder formuliert für sich selbst, was ihn bewegt und wie er es verarbeitet. In Niederaltaich wird kein Wert darauf gelegt, dass die Gäste des Klosters auf Zeit Katholiken sind. Bei der Anmeldung kann man zwar seine Konfession angeben. Der eigene Glaube ist jedoch kein Kriterium für die Aufnahme. Die Niederaltaicher Äbte wissen, dass in jüngster Zeit die Vielfalt der geistigen Herkunft der Gäste zugenommen hat. Warning ist evangelisch. Es gibt aber auch Atheisten, die sich die Auszeit der Stille gönnen – und danach nicht verraten, ob sie gläubig geworden sind.

Missionierung ist schließlich nicht das Ziel der Mönche auf Zeit, wiewohl in Niederaltaich die Berührung mit dem christlichen Glauben nicht zu vermeiden ist. Die Gäste werden nicht den ganzen Tag über allein gelassen. Vielmehr sieht das Programm der zwei Wochen vor- und nachmittägliche Lektionen vor – was in anderen Klöstern wiederum nicht der Fall ist. Dort, wie das Beispiel Montecassino zeigt, steht „nur" das Mönchsleben als Angebot auf dem Programm. Die Begegnung mit dem klösterlichen Leben beschränkt sich auf das Hinsehen und Mittun. Aktive Lebens- oder Meditationshilfe werden nicht ausdrücklich angeboten. Es hängt von den individuellen Wünschen ab, sich mit den Mönchen auf einen Dialog einzulassen.

In Niederaltaich dagegen berichten der Abt und einige Mönche über die Geschichte des Klosters, über die benediktinische Regel, über Orden im Allgemeinen und die benediktinische Form im Besonderen. Für Katholiken sind das teilweise Darstellungen, die ihnen aus ihrer üblichen religiösen Praxis vertraut sind, vor allem die Liturgie ist ihnen nicht neu. Wer noch nie in seinem Leben ein feierliches Hochamt miterlebt hat, ist da ganz anders berührt. Vor allem Protestanten fühlen sich besonders getragen und angesprochen von der katholischen Liturgie, die auf manche pompös wirkt, wenn sie sich an die stark vom Wort geprägten Gottesdienste etwa der Reformierten erinnern. Eine Öffnung der Seele für die Meditation durch die Liturgie wird nicht zielbewusst beabsichtigt. Sie stellt sich einfach ein, zumal gerade in Niederaltaich nicht nur der Gregorianische Gesang geübt wird, wie es in den Benediktinerklöstern üblich ist. Das Kloster fühlt sich besonders der gefühlsbetonten Liturgie der orthodoxen Kirchen verbunden. Eine Messe im ostkirchlich-byzantinischen Ritus bleibt den meisten unvergessen.

Das ökumenische Institut des Klosters liefert zudem den Hintergrund für Bibellesungen und Interpretationen, die über konfessionelle Schranken hinweggehen. „Diese Art der Auseinandersetzung mit dem Wort Gottes ist neben Gebeten und Gottesdiensten und der Stille und Alleinsein einer der tragenden Pfeiler des Angebots von Niederaltaich", findet ein anderer Gast des Klosters auf Zeit, der schon viel Erfahrung mit Therapiegruppen und Besinnungsseminaren etwa bei Volkshochschulen hinter sich hat. „Das feste Ritual, eine festgefügte Gemeinschaft mit einer jahrhundertelangen Erfahrung findet man sonst nirgends." Hier spüre man, auch wenn man weit von draußen kommt, „sehr schnell Kräfte, die in einem sehr heilsam wirksam werden."

Stille des Klosters heißt aber nicht nur Raum ohne Lärm in einer kleinen, aber ausreichend komfortabel ausgestatteten Zelle, wie sie die Mönche haben und wie sie den Gästen auf Zeit zur Verfügung gestellt wird. Stille erfahren die Besucher auch rund um das Kloster, beispielsweise im Klostergarten, an dem ein verrostetes Schild „Klausurbereich – kein Zutritt" Abgeschiedenheit signalisiert. Warning schildert in einer vom Bayerischen Rundfunk ausgestrahlten Sendung über seine Klostererfahrung in Niederaltaich, wie ihm in diesem Ambiente zumute war:

„Ich suche mir einen Platz an der sonnenbeschienenen Kirchenwand. Durch die hohen Fenster klingt gedämpfte Musik nach draußen. Der Organist übt für ein Konzert. Einige Augenblicke genieße ich das friedliche Bild des Gartens, Buschgruppen, Blumen, Zier- und Obstbäume, darunter einige sehr alte und hochgewachsene. Irgendwo hier, im Schatten der Klosterkirche, sollen sich vor tausend Jahren zwei Einsiedlerinnen, Salome und Judith, niedergelassen haben. Auch in der Stille der Natur, hat Abt Emmanuel uns in einer seiner Lektionen erklärt, könne man zu sich kommen, allein sein."

Der Abt erinnerte an das Lesen der Heiligen Schrift, die „lectio divina", wie es in der Benediktinerregel vorgeschrieben ist, aber nicht als reines Lesen eines Textes, sondern als das Lesen im eigenen Inneren, das Lesen in der Natur, das letztlich die Suche nach Christus sei. Alleinseinkönnen sei deshalb nicht nur für die Mönche wichtig, sondern auch für ihre Wegbegleiter für zwei Wochen, weil Lesenlernen nach ihrer Erfahrung auch Lebenlernen bedeute.

Warning löst sich aus dem sonnigen Klostergarten und steigt hinab in das Dunkel der Gruft der Basilika: „Vor Mauerplatten flackern einige rote Lämpchen. Sie erleuchten das Gewölbe, das im Halbrund des Chorumgangs folgt, nur spärlich. In der Stille tönen nur meine Schritte und die Orgelmusik aus der Kirche herab. Die Augen müssen sich erst an das Dämmerlicht gewöhnen. Hier liegen die Leichname der Mönche in Nischen, die in das Mauerwerk eingelassen sind. Die Aufschriften auf den schmucklosen Platten, die die Grabkammern verschließen, sind lakonisch kurz: Der Name, das Sterbedatum, dazu oft nur Tag und Jahr der Profess, der Aufnahme in den Orden, der Tag des endgültigen Gelübdes. Ein Blumenstrauß in einer Vase als Zeichen des Übergangs in die bessere, wirkliche Welt und nicht als trauerndes Gedenken."

Dieser Übergang wird dem Klostergast vor allem am Abend bewusst, am Ende der Vollendung des Tages, wie sie im Namen des abendlichen Gottesdienstes deutlich wird: der Komplet.

Warning: „Erst herrscht in der Basilika Stille, dann der Wechselgesang der Mönche, die im spärlich beleuchteten Chor im Osten der Kirche sitzen. Dicht beim Eingang im Westen steht in der Mitte des Ganges das große Weihwasserbecken, an dem jeder vorbei muss. Es erinnert mich an einen Taufstein, weckt Assoziationen an Reinigungsriten, an Rechenschaft, an Bilanz. Wasser ist Symbol für Unbewusstes und Tod, damit aber auch für neues Leben."

Abt Emmanuel hat Erfahrungen in einem japanischen Zen-Kloster gesammelt. Er gibt sie auch über seine aktive Zeit hinaus den Gästen weiter. Sie erleben es in einer kleinen Kapelle bei Kerzenlicht. Der Abt erklärt die Grundhaltung beim Meditieren und führt langsam nach und nach seine Zuhörer zur Ruhe, zum Blick nach innen: „Folgen Sie Ihrem Atem. Ruhig und gleichmäßig." Der Abt baut Brücken, die den Weg ins Innere erleichtern. „Entdecken Sie über ein bestimmtes Gebet Gott in sich selbst." Das immer gleiche Gebet, wiederholt und wiederholt, führt zurück zur christlichen Mystik. Es befreit von Ablenkungen und ist eine Übung, die die orthodoxen Mönche vom Berg Athos ebenso wie Buddhisten praktizieren, wie sie aber im sogenannten christlichen Abendland und seinem kirchlichen Aktivismus außerhalb der Klostermauern vergessen zu sein schien. Einen schwachen Abglanz könnten die Rosenkranzgebete bieten. Doch sie werden aus vielfältigen Gründen, die vermutlich mehr mit der Marienfrömmigkeit zu tun haben als mit der Möglichkeit, meditationsfreundliche Stimmung aufzubauen, kaum noch von jüngeren Generationen angenommen.

Die frühe Entdeckung der emotionalen Intelligenz

Wie ein Manager im Kloster auf Zeit die Motivation für sich
und seinen eigenen Betrieb fand

Ein Einfamilienhaus am westlichen Stadtrand von München. Zwei Schilder deuten auf die Bewohner: die Familie des
48-jährigen Christoph Knott und eine Gesellschaft für Unter-
nehmensentwicklung Gnossis GmbH sind unter diesem Dach
untergebracht. Gnossis und Knott sind allerdings eines. Die
Verknüpfung hat etwas mit dem Kloster auf Zeit zu tun, auch
wenn es auf den ersten Blick nicht so aussieht.

Christoph Knott hat nach einem Kloster-Besuch in Niederaltaich seine gesicherte Position in einem Industriekonzern aufge-
geben und sich selbständig gemacht. Voraussetzung war für ihn
eine Art Bestandsaufnahme. Er war damals 45 Jahre alt und fand

den Zeitpunkt für gekommen, die Weichen neu zu stellen. „Ich hatte mich entschieden, einen neuen Schritt in meinem Leben zu gehen: berufliche Neuorientierung. In einem international tätigen Industriekonzern hatte ich als Konzerncontroller vier Jahre die betriebswirtschaftliche Steuerung und finanzielle Führung. Das Dienstleistungsgeschäft hatte ich als Geschäftsführer kennen gelernt. Ich wollte meinen eigenen Weg jetzt ausprobieren. Das Bisherige, das kann doch nicht alles gewesen sein."

Eine Aussage, die sich nahezu regelmäßig bei den meisten Menschen wiederholt, die sich für eine begrenzte Zeit ins Kloster zurückziehen wollen: Das ist fast immer die Ausgangsbasis. Am Ende reflektierte Knott seine Erfahrung und schrieb seine Analyse mit dem Ergebnis nieder.

Seine erste Hürde war die Erkenntnis, dass, „wenn etwas Neues in mein Leben kommen sollte, ich dafür Raum bei mir schaffen musste. Es ist nicht unbedingt einfach, als Familienvater allein 14 Tage Urlaub in so etwas zu investieren. Ich habe diesen Weg nicht weitererzählt. Im Betrieb habe ich nicht darüber gesprochen – meine Kinder, die das etwas verrückt fanden, wollten nicht, dass es jemand in unserer Umgebung erfährt." Der zu schaffende Raum sollte also die Stille eines Klosters sein. Welches, war zunächst völlig offen. Knott dachte zunächst an das orthodoxe Klosterensemble Athos in Griechenland oder ein fernöstliches Kloster. Niederaltaich wäre ihm damals nie in den Sinn gekommen. Das nahe liegende Benediktinerkloster – von München sind es keine 150 Kilometer – wäre dem Manager nicht eingefallen. Die Suche nach Besinnung orientierte sich an den Angeboten auf dem Markt, die lautstärker und modischer in Erscheinung traten.

Aktiv hat Knott auch nicht nach einem einheimischen Kloster gesucht. Zufällig hörte er eine Radiosendung über Kloster auf Zeit und traf mit dem Autor zusammen, der die Klostererfahrung selbst gemacht hatte. Zur selben Zeit hörte er auf einem internationalen Kongress von Abt Emmanuel Jungclaussen, eine Persönlichkeit, die schon bei oberflächlichem Kontakt zu faszinieren weiß.

Knotts Weg führte folgerichtig an die Donau. Hinter den Klostermauern machte er eine erste Entdeckung. Alles, was er draußen in der Welt war oder darstellte, fiel hier von ihm ab. „Alles, was man außerhalb des Klosters war, spielte hier keine Rolle. Hier waren alle gleich." Er musste sich auf ein vollkommen ungewohntes Leben einstellen: Alle gewohnten Ablenkungen und Gewohnheiten wie Fernsehen, Radio, Genussmittel, Unterhaltung fielen weg. „Dafür: Schweigen und absolut mit mir allein sein. Ein strenger, minutengeregelter Ablauf der Gebets- und Essenszeiten mit Aufstehen um 5:00 Uhr bis zum Abendgebet. Dazwischen jedoch viel Zeit zum Nachdenken, Natur, Vorträge über die tiefere Bedeutung von Evangelien und Psalmen. Einsame Spaziergänge am Strom, der Donau, durch die Natur." Für jemanden, der immer im Business-Stress unterwegs ist, eine echte Herausforderung.

Langsam, nach einer schwierigen Zeit des „Sich-Einlassens" wurde Knott innerlich ruhiger und begann, „die Dinge, die in meinem Leben waren oder nicht waren, zu sortieren und anzuschauen. Meine Beziehungen, meine Bedürfnisse, die gelebten und nicht gelebten, meine Sehnsucht nach Tiefe, meine Konzepte und Vorstellungen, die sehr oft als übernommene Verhaltensmuster meiner Eltern mein ganzes Leben durchzogen. Was ist wirklich meins? Bei was bin ich wirklich glücklich? Was tue ich nur aus Gewohnheit? Also eine Innenschau."

Die Sicht für die Dinge, die einem wesentlich sind, wurde offener und weiter. „Ich begann die Natur um mich herum anders, neu wahrzunehmen – den Himmel, die Wolken, die Düfte der Blumen und Gräser, das Rauschen und ständige Fließen des Stromes, wie sich Stille anfühlt, weil sie gleichzeitig Fülle ist: ein Leben, das mich so sehr an die Welt meiner ganz frühen Kindheit erinnerte."

Die Schilderung mag leicht einen falschen Eindruck erwecken, als sei nur etwas Stille und eine absolut störungsfreie Zeit erforderlich, um völlig abzuschalten. Weit gefehlt. Die Sorgen und Ängste, mit denen man sich schließlich hier auseinandersetzen wollte, mussten einbezogen werden. Mit ihnen sollte und wollte der Eremit auf Zeit konfrontiert werden. Wichtig war jedoch, sie nicht nur zur Kenntnis zu nehmen, sondern zu entdecken versuchen, woher sie kommen und „was sie mir zu sagen haben", notierte Knott.

„Eine neue Beziehung zu mir selbst konnte so aufgehen – und hier war auch die tiefe mystische Verankerung der Liturgie im ostkirchlichen Ritus, das Klangfeld der gregorianischen Psalmenchoräle sowie die tiefe, ja neue Sichtweise der Bibelexegese, eine ganz wesentliche Verankerung."

Niederaltaich bot an, was das Erbe der abendländischen Mönche ausmacht: einen Weg der Meditation aus der alten mystisch-christlichen Tradition. Unterstützt wurde dies nicht durch pure Versenkung, sondern durch einen Dialog mit dem Abt. Dessen „große Klarheit und Tiefe der Persönlichkeit", seine niemals zur Schau gestellte demütige Gottesverbundenheit sowie seine hochgebildete und stets hilfsbereite Brüderlichkeit trugen nach Knotts Ansicht wesentlich zu seiner positiven Erfahrung bei.

In der Tat erscheint eine weltnahe, intellektuell anspruchsvolle Persönlichkeit mit den Lebenserfahrungen des Konvertiten Abt Emmanuel als eine wesentliche Voraussetzung für den Erfolg des Klosters auf Zeit für jemanden, der ja gerade eine Wende in seinem Leben sucht und eben nicht frömmelnde Ratschläge, sondern eine Hilfe erwartet, die in der Realität eines Berufslebens auf der Höhe unserer Zeit steht. Der Manager will schließlich das, was er am besten kann, auch in Zukunft fortsetzen, nämlich managen, nur eventuell an einem anderen Objekt, unter neuen Bedingungen und Inhalten.

Kloster auf Zeit sagt schon im Namen, dass niemand daran denkt, mit diesem Angebot neue Mönche zu werben. Wenn die Zeit abgelaufen ist, steht unabwendbar die Rückkehr in die bisherigen Lebensumstände bevor. Der Alltag wird dann zunächst keineswegs leichter, eher problematischer. Auch diese Erfahrung musste Knott machen. Im Kloster war für alles gesorgt. „Ich musste mich dort um nichts kümmern außer um mich. Jetzt drang der Alltag in Familie und Geschäft und all den Menschen und Problemen laut und fast brutal mit allen Ansprüchen wieder auf mich ein. Das war eine echte Herausforderung." Wie war sie zu bestehen? Die Antworten, wie sie sich im Nachhinein darstellten:

„Zunächst einmal habe ich die Prioritäten in meinem Leben neu geordnet. Ich habe mich entschlossen, die innere Sammlung, wie es so schön heißt, in mein tägliches Leben zu integrieren. Die tägliche Reizüberflutung, beispielsweise durch das Fernsehen, habe ich abgeschnitten." Der Fernseher wanderte aus dem Wohnzimmer in einen Nebenraum, wo er nur noch zu bestimmtem Bedarf, etwa zur Information, kurz eingeschaltet wird.

Weiter: „Start meines inneren change management": alte Gewohnheiten, Denkmuster und Konzepte aufgeben und der inneren Welt mehr Raum geben, das ist etwas, was nicht von einem Tag auf den anderen durch eine feste Entscheidung durchzusetzen ist. Es braucht Disziplin, Offenheit und Vertrauen. Die tägliche Meditation hat der Manager seither durchgehalten. Das ist sicher nicht einfach, vor allem, wenn man öfter von 5:00 Uhr früh an auf den Beinen ist und erst spätabends zur Ruhe kommt. Bei etwas Übung, so Knotts Erfahrung, geht es zur Not im Flugzeug oder in einer stillen Ecke in der Abflugwartehalle. „Natürlich bin ich laufend in alte Muster zurückgefallen. Auch heute noch. Das ist ein echter Prozess."

Knott versucht, die bis dahin noch nicht entdeckte und so häufig zitierte sogenannte „emotionale Intelligenz" im Alltag mehr und mehr anzuwenden. Es geht ihm darum, aus der Kenntnis und Beherrschung der eigenen Gefühle heraus diejenigen der Mitarbeiter und Kollegen, natürlich auch der Familienmitglieder, zu verstehen, zu akzeptieren und im Handeln zu berücksichtigen. Mehr noch darum, nicht mehr so sehr aus dem Verstand, sondern immer mehr aus spontanem Gefühl heraus zu handeln. Die kleinen Zeichen im Leben zu beachten und dafür eine echte „Antenne" zu entwickeln. Anders ausgedrückt: auf die innere Stimme zu hören, sozusagen das „innere Radio" einzuschalten und gezielt den Sender, das Thema, auszuwählen, damit nicht planlos Stimmungen nachgegeben wird, sondern die eigenen Bedürfnisse und die der Nächsten ernst zu nehmen. Im Vordergrund steht dabei die Frage: Was passt zu mir, was ist für mich wichtig und was nicht?

„Meine Person und meine Werte sind mir wichtiger als der nächste Auftrag. Ein Auftrag muss für mich stimmen. Deshalb sollten immer erst die offenen Dinge geklärt werden statt einem Auftrag um jeden Preis nachzulaufen." Das bedeutet schließlich zu erreichen, was die direkte Übersetzung vom Klosterleben auf das Dasein draußen bedeutet: Immer in innerer Freiheit und Unabhängigkeit zu sein.

Das setzt natürlich einen ganz schwierigen Prozess voraus, der beim Kloster auf Zeit nur beginnen kann, wenn er nicht schon vorher versucht wurde: Vertrauen in sich selbst und den eigenen Weg finden, oder, wie Knott es formulierte: in das eigene Leben: „Alles ist gut, wie es ist." So konnte er auch den Neubeginn mit seiner eigenen Consulting-Firma „Gnossis" realisieren. Nicht durch einen abendlichen Beschluss, den er am nächsten Morgen von 0 auf 100 verwirklichte, sondern in einer zeitweise schwierigen Aufbauphase. Er nahm sich vor allem vor, seine Erkenntnisse im Berufsalltag des Unternehmensberaters umzusetzen, als sein persönliches Thema, seine Einstellung, die er nicht wohlfeil verkündet:

„Ich trage meine Sicht der Dinge nicht im Bauchladen vor mir her oder beglücke meine Kunden mit meinen inneren Erkenntnissen. Nein: darüber rede ich grundsätzlich nicht. Ich konzentriere mich beim Kunden auf meine betriebswirtschaftliche und Managementkapazität. Hier bringe ich meine jahrelange praktische Problemlösungs- und Führungserfahrung ein. Nur wenn ich merke, da ist jemand offen und/oder braucht Hilfe aus einer anderen Sicht der Dinge, da beginne ich vorsichtig, aus der Problemstellung heraus die Situation einmal durch eine andere Brille zu betrachten und aus dieser Sicht anzusprechen. Merke ich, dass die Ohren aufgehen, unternehme ich langsam den nächsten Schritt, immer an der konkreten Problemstellung entlang."

Knott hat sich einen neuen Weg entworfen, wie er an die Kundenprobleme herangehen will. Sein Vorgehensmodell hat er, wie er bilanzierend nach einigen Jahren feststellt, mit sehr großem Erfolg angewendet:

„Zunächst nehme ich nur dann ein Projekt an, wenn es sich für mich richtig anfühlt. Der Kunde muss bereit sein für das change management. Die Aufgabe muss klar strukturiert sein. Das ist selbstverständlich. Im Unterschied zu früher nehme ich aber jetzt auch Projekte an, von denen mein Verstand zunächst sagt: Das kann unter normalen Umständen nicht klappen. Ich gebe meiner emotionalen Intelligenz die höhere Priorität als meiner bisherigen Lebenserfahrung. Das kommt natürlich nur selten vor – aber es kommt vor und zwar mit erstaunlichen Ergebnissen.

Der erste Schritt ist dann die Motivation: Ich bitte innerlich um einen Erfolg des Projekts und einen Erfolg für alle daran Beteiligten. Nur Gewinner! Natürlich bestimme ich dabei nicht, was Gewinn für jeden Einzelnen ist. Von meinen Konzepten sollte hier keine Vorstellung einfließen.

Diese Motivation wiederhole ich für mich selbst oft. Dann setze ich mein ganzes Vertrauen in den Prozess, der sich bei dem Kunden entwickelt. Ich glaube unerschütterlich an den Erfolg, ohne die Augen vor den täglichen Problemen zu verschließen. Ich bitte dabei innerlich immer wieder um Unterstützung. Gerne gebe ich zu, dass Vertrauen für mich noch immer eine große Herausforderung ist. Wir denken zu oft, dass wir alles selbst beeinflussen und lenken können – statt dahin das Vertrauen für ein Gelingen zu geben, wo einfach das höchste Potential steckt.

Ganz wichtig ist es jetzt, mit allem Mut und aller Kraft in dem Augenblick aktiv einzugreifen, wenn der entscheidende Hinweis erscheint, wenn er wahrzunehmen ist, wenn er erspürt wird. Fast wie die gespannte Erwartung eines Raubtiers, das im entscheidenden Moment voll da ist und aus Instinkt heraus reagiert, agiert der Mensch aus Beachtung seiner emotionalen Intelligenz."

Der richtige Zeitpunkt ist aus Knotts Erfahrung alles: Wenn die Zeit reif ist, kann man oft unmöglich Erscheinendes durchsetzen und Mauern einreißen. Man muss sich aus seiner ganzen Erfahrung, seinem ganzen Wissen und nicht zuletzt aus seinem Beziehungsmanagement heraus das Terrain vorbereiten und nach dieser Pflicht sozusagen als Kür beim richtigen Augenblick voll präsent sein.

Der Unternehmensberater nennt dazu praktische Beispiele für die sonst ziemlich wolkig klingenden Ratschläge. An erster Stelle schildert er die Aufgabe, im Rahmen einer betriebswirtschaftlichen Neustrukturierung eines großen Dienstleistungshauses mit einem kleinen Team innerhalb von sechs Wochen ein neues, sehr einfaches und benutzerfreundliches Modell für die betriebswirtschaftliche Planung des Unternehmens zu konzipieren. Dazu sollte das Modell programmiert und in über zwanzig Niederlassungen eingeführt werden; weiter sollten Konsolidierungsmodelle für mehrere Gesellschaften aufgelegt werden. Die Ausgangsbasis sollte für jede Kostenstelle aus dem „Ist" maschinell eingespielt werden. Normalerweise dauert allein die Konzeptphase einschließlich der Abstimmung mit der Unternehmensführung mindestens sechs Wochen, meistens länger.

„Für die nachfolgende quantitative Planung standen zwei Wochen Zeit zur Verfügung, obwohl normalerweise wegen des erforderlichen Abstimm- und Korrekturbedarfs sehr viel mehr Zeit verbraucht wird. Die Feuertaufe wurde zu meinem Erstaunen mit Bravour bestanden. Das Team hat aber unglaublich hart und motiviert gearbeitet und auf diese Weise alle Hürden überwunden. Alle waren schließlich zufrieden, vom Vorstand bis zu den Projektmitarbeitern."

Als zweites Beispiel, wie emotionale Intelligenz zur Motivation eingesetzt werden kann, nennt Knott ein Softwarehaus, das nach einer ersten Bestandsanalyse trotz des attraktiven Marktes am besten dichtgemacht werden sollte. Die Lage: Der Entwicklungsleiter hatte gekündigt und sein Team löste sich bis auf wenige Kollegen auf. Von einem angeblich neuen Produkt mit hohen Erwartungen war nichts zu sehen und außer einem Geschäftsführer glaubte keiner, dass aus dem Laden überhaupt noch etwas Vernünftiges zu holen war – was nach Knotts Einschätzung tatsächlich zutraf. Keiner wusste, was wirklich entwickelt worden war. Der Vertrieb hatte gekündigt. Kunden und Marktanforderungen waren bei der Produktentwicklung nicht richtig geprüft worden.

Aber: Ein neuer Geschäftsführer war gerade in das von Knott betreute Unternehmen gekommen. Der war bereit, aufzuräumen und strukturiert zu arbeiten. Im kleinen Team wurde Schritt für Schritt der Markt analysiert, die Entwicklung mit Partnern neu strukturiert. Wider jede Erwartung wechselte sogar der Entwicklungsleiter eines Konkurrenzbetriebs, weil der Geschäftsführer sein gewohntes Handeln revidiert hatte. Glaubte er bis dahin nicht an sich und sein Unternehmen, so drehte er sich jetzt um 180 Grad. Er und sein Berater demonstrierten die Überzeugung, es lohne sich weiterzumachen. Sie glaubten an sich.

Eine wichtige Erfahrung, die sich immer wieder neu bestätigt, ist die Entdeckung, dass die Mitarbeiter nicht nur genügend Potential mitbringen für den Erfolg, sondern auch genau wissen, was im Betrieb los ist und was zu tun sei. Ihre Vorschläge werden nur häufig weder gesucht noch ernst genommen geschweige denn im Betrieb verwirklicht. Das liegt einerseits an den Mitarbeitern selbst, die oft Angst haben, die eigenen Vorschläge vorzutragen und umzusetzen. Ihre Einstellung wird häufig bestimmt von

Angst, Ohnmacht und Enttäuschung von der Betriebsleitung.

Knotts Rezept: Keineswegs die Emotionen weg diskutieren. Vielmehr gelte: Je mehr Offenheit, desto besser – und den nächsten Schritt gemeinsam gehen.

Nächste Erfahrung: Menschen, die sich dasselbe Vorgehensmodell angeeignet haben, zu einem persönlichen Netzwerk verbinden und das change management weitergeben. „Ich wünsche mir einfach, dass möglichst viele Unternehmer den Wert der Zusammenarbeit mit der nicht sichtbaren Welt erfahren. Ja man kann ihn nur erfahren, denn dem normalen Verstand ist er nur schwer zugänglich."

Sicherlich fiel dem Unternehmensberater Knott das geschilderte Vorgehensmodell nicht einfach so ein, weil er zwei Wochen Kloster auf Zeit auf sich genommen hat. In jahrelanger Berufspraxis hat sich da vieles aufgebaut, was nach einer neuen Anwendung suchte. Der Durchbruch, so meine ich aus dem Gespräch mit ihm entnehmen zu können, wurde jedoch maßgebend durch den zeitweisen Rückzug in eine völlig abgeschirmte und von fremden Einflüssen freien Welt ermöglicht, durch die Besinnung auf das, was man ist, was man kann und was einem am besten entspricht. Wie sagt es doch der Novizenmeister auf dem Montecassino: das Gleichgewicht von Ora et Labora, von Besinnung und Aktivität in sich selbst finden und nicht nach Zielen streben, die einem fremd sind.

Der Schock der Stille

Zurück zu den Ursprüngen auf dem Montecassino

Mühsam schlängelt sich die schmale Straße mit wenigen Aus-
weichstellen über sechs Kehren neun Kilometer den kahlen
Berg hinauf. Die breite Ebene am Fuß des Berges Cassino mit
dem gleichnamigen Städtchen versinkt immer mehr im Hintergrund. Kilometer weiter draußen zieht sich endlos die Schlange
der Autos auf der Autobahn Rom-Neapel. Hinter einer Kurve
fast auf dem Gipfel weist ein Schild auf Soldatenfriedhöfe hin.
Zwischen 1943 und 1944 sind hier mehrere Tausend Soldaten,
Deutsche, Alliierte, ein großes Kontingent Polen beim ebenso
zerstörerischen wie sinnlosen Kampf um den Klosterberg Montecassino gestorben.

Der Lärm verliert sich, je höher man kommt, bis die Fahrt
schließlich vor einem wuchtigen Klosterbau endet. Hoch ragt

das Benediktinerkloster Montecassino auf, die Mutter aller abendländischen Klöster. Hierher zog 529 Benedikt von Nursia (Norcia in den Abruzzen) mit einigen Gesinnungsfreunden von seiner Einsiedelei in der Stille der Bergwelt oberhalb von Subiaco und gründete den ersten abendländischen Mönchsorden, der nach ihm Gemeinschaft der Benediktiner genannt wird. Hier entstanden seine Regeln, denen sich nahezu alle späteren kirchlichen Orden mehr oder weniger streng unterwerfen sollten.

Hierher, zurück zu den Quellen, führt der Ruf nach Stille und Einkehr auch jedes Jahr ein Heer von 1,5 Millionen Wallfahrern, darunter auch einige Dutzend, die sich für maximal eine Woche in die Klausur hinter den Klostermauern zurückziehen wollen. Den Massenansturm erwartet das Kloster, das aus der Ferne schon auf der rund 540 Meter hohen Bergkuppe als mächtiges Mauerwerk zu erkennen ist, vor allem dienstags und donnerstags. Montecassino hängen viele Rom-Pilger nach der Papst-Audienz oder Ansprache auf dem Petersplatz nach den Sonntagsgottesdiensten oder den päpstlichen Empfängen am Mittwoch als weitere Etappe an. Dann reihen sich die Pilgerbusse wie Perlen auf dem neun Kilometer langen Zickzack-Kurs der Bergstraße aneinander.

Die meisten Besucher staunen über die völlige Wiederherstellung des Klosters, von dem nach mehrwöchigen Bombardements so gut wie kein Stein mehr auf dem anderen gestanden hatte. Die Innenräume scheinen heute wieder wie eh und je Anspruch und Pracht vergangener Jahrhunderte zu spiegeln. Die Klosterkirche scheint auch ohne Messe und Gebete der Mönche erfüllt vom Klang der Gregorianischen Gesänge. Wer sich einige Tage hier aufgehalten hat, wird den Nachklang dieses Sprechgesangs bald als eine der intensivsten Formen des Gebets in sich spüren.

Viel Aufhebens macht das Kloster nicht von der Möglichkeit, hier einige Tage Kloster auf Zeit zu verbringen. Dom Pietro Vitorelli, geboren 1962, stammt aus der Gegend um den Montecassino und lebt seit zwei Jahrzehnten hier oben. Er war nicht nur als Novizenmeister für die Besucher zuständig, die sich für einige Tage hier einquartieren lassen. 2007 wurde er zum Abt von Montecassino gewählt und möchte gerne wie der ganze Orden die Angebote für Gäste ausbauen, was allerdings auch personelle Probleme schafft. Für die sonstigen Besucher, Führungen und Aufsicht sind schon keine Ordensleute mehr abgestellt. Die drei Dutzend Patres und Fratres reichen in dem gewaltigen Bau für solche Arbeiten nicht aus. Weltliches Personal muss beispringen.

Dom Vitorelli empfängt den Neugierigen im zweiten Obergeschoss des zum Tal hin emporragenden Fronthauses. Hier residiert auch der junge Abt, der nicht nur eine eigene Jurisdiktion, Rechtshoheit über sein Kloster hat, dem in den besten Zeiten 140 bis 200 Mönche angehört haben. Er trägt auch bischöfliche Würden und ist Mitglied der italienischen Bischofskonferenz. Montecassino ist immerhin in Italien und weit darüber hinaus der Inbegriff klösterlichen Lebens überhaupt. Wer hier Abt ist, zählt in der Kirche und im katholischen Teil des gesellschaftlichen Lebens Italiens.

Die Räume sind mit roten Stoffen beschlagen, die Gemälde stammen teilweise aus der geretteten Masse von Kunstschätzen, die am Kriegsende ein wechselhaftes Schicksal hinter sich gebracht hatten, nachdem das Kloster gerade noch rechtzeitig vor der völligen Zerstörung evakuiert werden konnte. Von den Schäden ist auch hier nichts mehr zu erkennen. Die Restauratoren haben ganze Arbeit geleistet.

Dom Vitorelli gibt sich als die Liebenswürdigkeit in Person. Dennoch bleibt die Distanz erhalten, die sich zwischen der lauten Welt im 150 Kilometer nahen Rom und der klösterlichen Einsamkeit des Mönchslebens aufgebaut hat. Was kann dieser junge Mann mit den verständnisvollen Augen und dem gemessenen Auftreten in elegant fallender Soutane, der wie aus einer anderen Welt erscheint, einem modernen Menschen anbieten? Bekommt der Besucher fromme Vorträge, Nachhilfe in Katechismus und katholischer Dogmatik? Empfehlungen aus einem moralischen Kodex, den er aus päpstlichen Verlautbarungen und gut gemeinten Hirtenworten genügsam kennt, ohne dass sie ihm in einer konkreten Not weitergeholfen hätten?

Die Frage überrascht den Mönch keineswegs, die Antwort eher den Frager. „Wir halten hier keine religiösen Ansprachen. Wir vermitteln auch keine christlichen Moralvorstellungen oder Glaubensinhalte." Was denn dann? Kommen die Gäste nur, um für einige Tage etwas über abendländische Geschichte zu erfahren, etwas von der Größe des Klosters und dem Nutzen der Mönche für die Kultivierung des Abendlandes in vergangenen Jahrhunderten? Was sollen sie dabei für ihr Privatleben profitieren? Was bringt ein Klosteraufenthalt hier oben überhaupt, wenn er nach Vitorellis Worten allenfalls sieben Tage lang angeboten wird? Die skeptischen Fragen werden aus einer ganz anderen Richtung beantwortet, als die meisten Anfragen an ein Kloster erwarten lassen.

Die Benediktiner von Montecassino bieten ebenso wie die meisten anderen italienischen Klöster dieses Ordens so gut wie kein Programm für den Gast an. Es gibt keine Seminare und keine Einkehrtage, keine Anleitungen und keine Sonderveranstaltungen. Es gibt fast nur Klosterleben pur. Und das muss nicht einmal jeder komplett mitmachen. „Schön ist es aber doch, wenn einer schon da ist, dass er auch unseren Alltag teilt", versichert der Gastgeber.

Das heißt, dass jeder zumindest die Frühmesse um 7:00 Uhr mitfeiern sollte. Das gesamte „Klosterprogramm" hier oben dürfte sowieso etwas anstrengend sein, weil ungewohnt, aber für eine Woche ist es doch wohl durchzuhalten. Um 5:00 Uhr schrillt der Wecker in den langen Gängen des Klosters. Im Gästetrakt ist er nicht zu überhören. Er rasselt über der Durchgangstür zur Klausur in einem 270 Meter langen und acht Meter breiten Gang, der internen Promenade, wenn man so will, für tiefschürfende Gedanken. Auf ihn münden die Zellen der Gäste, die wie alle Klosterzellen in Montecassino ausgestattet sind. Einfacher Einbauschrank, simples italienisches Bett, Nasszelle mit Toilette und Waschmöglichkeit, Schreibtisch, auf dem sogar ein Telefon installiert ist. Radio- und Fernsehanschlüsse sucht man allerdings vergeblich.

Um 5:30 Uhr versammeln sich Mönche und Gäste zur Matutina, dem ersten Morgengebet. Um 7:00 Uhr folgt die Messe, danach wird das einfache Frühstück gemeinsam im Refektorium zwischen Kirche und Klausur eingenommen. Zimmer- oder sonstigen Service gibt es natürlich nicht. Wer nicht pünktlich zu Tisch erscheint, hungert eben. Disziplin ist systemimmanenter Teil des Klosterlebens und bezieht jeden Gast mit ein. Zur Disziplin gehört auch, dass auf dem Montecassino Frauen nur als Touristinnen in den Besichtigungszeiten und den allgemein zugänglichen Gebäudeteilen erbeten sind. Kloster auf Zeit im engeren Sinne gibt es generell nur streng nach Geschlechtern getrennt: Männer in Männerklöstern, Frauen bei Nonnenorden.

Von 8:30 bis 12:30 Uhr gehen die Mönche ihrer Arbeit nach. Auf die Sesta, das Gebet zur sechsten Stunde um 12:45 Uhr, folgt um 13:00 Uhr das Mittagessen, das mönchisch karg ist. Auch wenn eine Reihe von Produkten aus der klostereigenen Landwirtschaft stammen, geht es im Refektorium nicht ländlich üppig zu. Eine Suppe als Vorspeise, Kartoffeln oder Pasta mit Käse als Hauptgang, Obst zur Nachspeise, offenes Wasser und ein Glas Rotwein bilden das Standardmenü. Es wird nach strengen Regeln eingenommen. Der Speisesaal wird erst betreten, wenn der Abt eingezogen und an einem separaten Tischchen in der Mitte der Querreihe der hufeisenförmigen Tischanordnung Platz genommen hat. Während des Essens wird aus der Bibel oder aus Ordensbüchern vorgelesen. Wenn der Abt das Mahl beendet, hat auch der größte Hunger keine Chance mehr. Die Tafel ist nach einem kurzen Gebet aufgehoben. Um 14:00 Uhr Gebet zur neunten Stunde, der Nona nach altrömischer Zeitrechnung. Um 16:00 Uhr Vespergesänge, danach bis 19:15 Uhr persönliche Bibellesung, um 20:00 Uhr Abendessen und eine Stunde später die Komplet, die Vollendung des Tages. Gegen 22:00 Uhr herrscht absolute Ruhe.

Dann beginnt die schwerste Stunde der Kurzzeitgäste. Tagsüber können sie sich entweder zum Gebet oder zum Meditieren zurückziehen. Wenn sie wollen, können sie auch beichten oder ein Gespräch mit einem der dafür abgestellten drei Patres führen. Wer will, kann sich auch in den Werkstätten nützlich machen: Ikonen malen lernen oder Bücher binden. Die weitläufige Klosteranlage bietet auch reichlich Platz für Spaziergänge mit unterschiedlich anregenden Aussichten, mal ins geschäftige Tal, mal auf die Bergrücken mit den Soldatenfriedhöfen.

Der Lärm des Krieges ist längst verklungen. Die Höhe des Montecassino schirmt schon von allein von der übrigen Welt ab. Die Stille wird durch nichts in dieser Welt unterbrochen. Nicht einmal die Laute von Tieren dringen durch die steinernen Bollwerke der Klostermauern. „An dieser Stille sind schon viele gescheitert", weiß Dom Vitorelli. Die Stille und die Einsamkeit packen manche wie einen Schock. Mancher ist deshalb schon am nächsten Tag wieder abgereist. Das Fehlen jeder Ablenkung schafft Platz und Raum, um sich nur noch mit sich selbst zu beschäftigen. Dies könnte an vielen Orten dieser Welt geschehen, an einem herrlichen Strand ebenso wie im Hochgebirge. Warum aber muss es dann ein Kloster sein?

Die eingangs gestellte Frage wird verblüffend beantwortet. „Hier erfährt der Mensch, was es im Grunde mit der benediktinischen Regel des Ora et Labora, des Betens und Arbeitens auf sich hat", versichert der Mönch. Nicht religiöse Betrachtung vermitteln die Benediktiner hier auf dem Berg dem Fremdling aus der modernen Welt, sondern das Beispiel eines Lebens im Gleichgewicht. Natürlich heißt das nicht, dass jeder seine Probleme lösen könnte, wenn er einfach nur alles auf die Zweiheit Beten und Arbeit reduziert. Das Motto muss übersetzt werden. Die Mönche meinen, dass es jedermann möglich sein müsse, ein gesundes Gleichgewicht zwischen dem tätigen und dem kontemplativen Leben, zwischen Hektik und Ruhe, zwischen Tätigkeit und Muße zu finden.

Das meine letzten Endes die Benediktinerregel. Und wer diesem jahrhundertelang erprobten Grundsatz folge, werde mit den Problemen leichter fertig, die sich ihm in einem ganz anderen Alltag stellen. Zu sich selber zu finden wird dann erleichtert, weil die Balance jeden auf sich selbst zurückverweist. Selbsterkenntnis soll auf dem Montecassino geübt werden.

Woher kommt der Stress? Letzten Endes doch nur daher, dass man sich selbst überfordert hat, den eigenen Talenten nicht genügt. Oder weil man durch Unterforderung mit sich selbst nicht zufrieden ist. Das ist der mönchische Rat des Montecassino, und der, so beanspruchen die Benediktiner, gilt für jeden, der hier heraufkommt. Das sind vor allem Manager mittleren Alters, die etwa vor der Midlife-Crisis stehen. Es sind frisch Geschiedene, die mit der neuen Lebenslage nicht fertig werden. Es sind Gestresste, die nicht mehr weiterwissen.

Sie entdecken, dass die Mönche keineswegs nur die Hände falten, um die Finger mal vor-, mal zurückzudrehen. Sie entdecken, wie es Vitorelli formuliert, die Schätze des Meditierens. Dabei hilft er auf Wunsch ganz individuell. Erleichtert wird das Beten und Meditieren durch eine Besonderheit vieler Benediktinerklöster: Die Gebete werden gesungen. Gregorianische Gesänge bestimmen die feierliche Liturgie ebenso wie die gemeinsamen Gebete. Sieben bis acht Stunden Gregorianik am Tag, das bietet die Chance, sich von ihrer Spiritualität tragen zu lassen und den Gedanken freien Lauf zu lassen. Ähnlich einer Gebetsmühle, die den Hintergrund für das Meditieren in einer anderen Kultur beisteuert. Am Ursprungskloster der abendländischen Konvente scheinen die Mönchsgesänge den kulturellen Sprung zu erleichtern. Mancher findet dabei nicht nur zu sich selbst, sondern auch zu seiner früheren Religionspraxis zurück. Beabsichtigt ist dies nicht unbedingt, die Mönche freuen sich aber natürlich darüber. Über solche Erfolgserlebnisse wird hier nicht Buch geführt. Aber aus der ganzen Welt kehren die Gäste immer wieder auf den Klosterberg in Süditalien zurück.

Beim Unkrautjäten über den Glauben reden

Kloster zum Mitleben – eine Besonderheit nicht nur für
Frauen

Ein sonniger Sonntagnachmittag im Sommer. Es ist Ferienzeit.
Über die Straßen im südlichen Schwarzwald ziehen endlose
Kolonnen von Autos mit Ausflüglern. Das pulsierende Leben
unten im Tal scheint weit weg zu sein, wenn man den Innen-
hof mit seinen Sträuchern und Bänken im Kapuzinerkloster von
Stühlingen betritt. Zwei junge Frauen sitzen im Schatten eines
Baumes und genießen den Tag, reden miteinander und lachen.
Zwei junge Frauen an diesem Ort eines Männerklosters? Mitten
in einem Kapuzinerkloster?

Es sind Studentinnen aus Norddeutschland. Und dass Frau-
en hier wohnen, ist seit Jahren eine Selbstverständlichkeit. Das
Kapuzinerkloster wird nur noch von drei Ordensmännern be-

wohnt. Im Nachbarflügel leben drei Schwestern der Reuter Franziskanerinnen. Die beiden Studentinnen haben ihr Angebot „Kloster zum Mitleben" angenommen. Die erste Woche liegt bereits hinter ihnen.

Sie haben nicht den Klosterbetrieb kennen lernen wollen. Dazu hätte eine ausgiebigere Führung ausgereicht. Sie wollen vielmehr den Kloster-Alltag mitmachen, mitgestalten, als wären sie Klosterfrauen. Das ist kein Sonderangebot, zu dem der Konvent spezielle Programme ausgearbeitet hätte. Es geht einfach nur darum, das zu tun, was die ständigen Bewohner des Hauses, Mönche und Nonnen, für ihre Lebensform gewählt haben.

Die Leiterin, Schwester Beate, präzisiert: „Wir sind weder Tagungshaus noch Meditationszentrum, weder Jugendherberge noch Ferienkloster, weder Beleghaus noch Schullandheim, weder Exerzitienhaus noch Bildungsstätte. Wir führen auch keine Therapien oder Rehabilitationen durch, sondern verstehen uns als Kloster zum Mitleben." Das Kloster empfiehlt eine Woche als vernünftiges Maß für einen Mindestaufenthalt. Wer zum ersten Mal kommt, brauche erfahrungsgemäß so viel Zeit, um sich einzufinden. In der Regel gelten vier Wochen als Höchstdauer für das Mitleben in diesem Haus.

Der große Klostergarten und die kleine Landwirtschaft bilden den materiellen Grundstock für das Klosterleben. Manchmal spenden Supermärkte der Gegend auch übrig gebliebene Lebensmittel. „Möglichst vieles versuchen wir selbst zu erwirtschaften. Auch unsere Gäste tragen mit ihrer Arbeit hier zum Unterhalt dieses Hauses bei. So wird ein großer Teil des täglichen Bedarfs gedeckt. Darüber hinaus sind wir dankbar für jede Art von Unterstützung, mit der alle, die zu uns kommen, nach ihren Möglichkeiten zum Unterhalt und Erhalt beitragen. Wer über keine Mittel verfügt, sollte sich nicht gehindert fühlen, zu uns zu kommen."

Die Arbeit lässt auch den Stühlinger Franziskanerinnen wie in ähnlichen Klöstern, die nur noch wenig Nachwuchs bekommen, wenig Zeit für intensive Gespräche mit ihren Gästen. Doch im alltäglichen Miteinander werden manchmal im Gespräch nebenbei Probleme gelöst. Beim gemeinsamen Arbeiten braucht niemand zu fragen, ob man gerade Lust oder Zeit für ein Gespräch über familiäre oder andere Schwierigkeiten hat. Es ergibt sich einfach. Man redet im Garten oder in der Küche scheinbar ziellos miteinander, spricht sich frei und kann auch wieder schweigen und der Arbeit stumm weiter nachgehen, Geschirr spülen oder Unkraut jäten. Nicht umsonst hat das Kloster auf Spülmaschinen verzichtet. Einen Spender hätte es schon gegeben. Aber warum sollte man auf diese Art Kommunikation verzichten? So ist es draußen im Alltag. So werden auch hinter Klosterwänden viele Dinge angesprochen und unkompliziert gelöst. Was aber den Unterschied zwischen „drinnen" und „draußen" ausmacht, verrät eine der beiden Studentinnen. Sie kommt aus Hamburg und hat an der Universität die Erfahrung gemacht, dass man heute sehr schnell schief angesehen oder belächelt wird, wenn man sich als gläubige Katholikin zu erkennen gibt. „Hier kann ich ungeschützt über den Glauben und meine Probleme damit sprechen", bekennt sie.

Eine besondere Begegnung geht diesem Gespräch im Klosterhof voraus. Auf Stühlingen ist sie nicht durch Mundpropaganda gekommen, wie es häufig der Fall ist, wenn Menschen einen so ungewöhnlichen Urlaub wählen. Sie hat eine frühere Ausgabe dieses Klosterurlaubsführers gelesen und sich bewusst für das Haus nahe der Schweizer Grenze entschieden.

Seit der ersten Auflage im Jahr 2000 ist tatsächlich das Angebot an „Kloster auf Zeit" in den verschiedensten Variationen breiter geworden, nachdem diese Form des zeitlich begrenzten Klosterlebens für Außenstehende zunächst von den Benediktinern entwickelt worden war. Kapuziner und Franziskanerinnen in Stühlingen kamen ursprünglich auf die Idee, weil es anders kaum eine Überlebenschance gegeben hätte. Das Kloster hätte ohne neue Aufgabe keine wirtschaftlich vertretbare Daseinsberechtigung mehr gehabt. Der Unterhalt wäre zu teuer geworden.

Einen kleinen Hinweis auf die frühere Größe und heutige Stille des Ortes gibt schon ein Zettel neben der Pforte: Bitte zweimal läuten und eine Weile warten. Wenn keine Gäste im Hause sind, kann es dauern bis jemand in einer entfernten Ecke das Klingeln hört und die langen Gänge und Stiegen bis zum Eingang zurückgelegt hat. Die Pforte ist nicht ständig besetzt. Das wäre personeller Luxus.

Es sind aber nicht nur wirtschaftliche Erwägungen, die in Stühlingen zum Angebot „Kloster zum Mitleben" führten. Der materielle Druck hat die Suche nach einer neuen Rolle nur beschleunigt. Die Idee vom Kloster zum Mitleben scheint ein Bedürfnis der Menschen zu befriedigen, das Mönche und Nonnen nicht nur wirtschaftlich hilft, sondern ihnen eine Bedeutung zurückgibt, die sie in der modernen Gesellschaft schon verloren zu haben schienen: Rückzugsräume anzubieten, die von völliger Abgeschiedenheit bis zu aktiven Kursen reichen.

So bieten beispielsweise die Benediktinerinnen von Frauenchiemsee (Adresse s.u.) neben klassischer Lebenshilfe aus dem Geist der Benediktinerregel und Einzelexerzitien nach dem Motto „Suche deine Lebensspur" sowie den rein biblischen Themen wie „Tod und Auferstehung" auch Meditatives Tanzen, Umgang mit Konflikten, Yoga und Ayurveda, Ayurvedisches Kochen, Meditation und Qi Gong, Herzpatientenseminar, Aquarellseminar oder Geistliche Musik.

Kapuzinerkloster Stühlingen
Lorettoweg 12
79780 Stühlingen
Tel. 07744/93993
http://www.kapuziner.de/stuehl
mail: stuehlingen@kapuziner.org

Kloster auf Zeit für Frauen

Benediktinerinnen

Entsprechend der Gastfreundschaft, die zu den benediktinischen Grundregeln gehört, haben Benediktiner nicht nur als Erste „Kloster auf Zeit" entwickelt. Auch die Frauenklöster des Benediktinerordens haben sich am umfassendsten von allen Frauengemeinschaften auf dieses Angebot eingelassen und sind noch immer am stärksten im Internet vertreten. Klöster, die über ein Gästehaus verfügen, bieten auch Männern die Möglichkeit zur Unterkunft.

Abtei St. Gertrud
Diözese Berlin
Klosterstr. 1
15838 Am Mellensee
Tel. 033703/916-0
Fax 033703/916-214
mail: abtei@kloster-alexanderdorf.de
http://www.kloster-alexanderdorf.de

Priorat Kloster Marienrode
Diözese Hildesheim
Auf dem Gutshof
31139 Hildesheim
Tel. 05121/93041-0
Fax 05121/93041-60
http://www.kloster-marienrode.de

Benediktinerinnenabtei Varensell

Hauptstr. 35

33397 Rietberg

Tel. 05244/5297-0

Fax 05244/1876

mail: verwaltung@abtei-varensell.de

http://www.abtei-varensell.de

Benediktinerinnenabtei zur Hl. Maria

Diözese Fulda

Nonnengasse 16

36037 Fulda

Tel. 0661/90245-0

Fax 0661/90245-45

mail: info@abtei-fulda.de

http://www.abtei-fulda.de

Abtei vom Hl. Kreuz

Erzdiözese Paderborn

Carolus-Magnus-Str. 9

37688 Beverungen-Herstelle

Tel. 05273/804-0

Fax 05273/804-370

http://www.abtei-herstelle.de

Benediktinerinnen vom Hlst. Sakrament Kloster Kreitz

Am Kreitz 1

41472 Neuss-Holzheim

Tel. 02131/8793

Fax 02131/859321

mail: info@benediktinerinnen-neuss.de

http://www.benediktinerinnen-neuss.de

Die Unterbringung von Gästen erfolgt nur nach Vereinbarung im Gästebereich; während des Aufenthaltes ist Mitarbeit erwünscht.

Abtei Mariendonk

Diözese Aachen

Niederfeld 11

47929 Grefrath bei Kempen

Tel. 02152/9154-0

Fax 02152/9154-53

mail: abtei@mariendonk.de

http://www.mariendonk.de

Abtei vom hlgst. Sakrament

Diözese Münster

Kloster Vinnenberg

48231 Warendorf

Tel. 02584/1007

mail: info@kloster-vinnenberg.de

http://www.kloster-vinnenberg.de

Abtei vom hlgst. Sakrament

Diözese Osnabrück

Hasentorwall 22

49076 Osnabrück

Tel. 0541/63819

Fax 0541/61035

mail: Kloster@benediktinerinnen-osnabrueck.de

http://www.benediktinerinnen-osnabrueck.de

Benediktinerinnenabtei St. Scholastika

Diözese Münster

Kloster Burg Dinklage

Burgallee 3

49413 Dinklage

Tel. 04443/513-0

Fax 04443/513-118

mail: abtei@abteiburgdinklage.de

http://www.abteiburgdinklage.de

Abtei vom hlgst. Sakrament

Erzdiözese Köln

Brühler Straße 74

50968 Köln

Tel. 0221/937067-0

Fax 0221/937067-9

mail: kloster@benediktinerinnen-koeln.de

http://www.benediktinerinnen-koeln.de

Benediktinerinnen-Abtei Maria Heimsuchung

Diözese Aachen

Hermann-Josef-Str. 6

53925 Kall-Steinfeld

Tel. 02441/7718-0

Fax 02441/7718-20

mail: gaestehaus@benediktinerinnen-steinfeld.de

http://www.benediktinerinnen-steinfeld.de

Abtei vom hlgst. Sakrament (Priorat)

Diözese Trier

Kloster Bethanien

Domänenstr. 98

54295 Trier-Kürenz

Tel. 0651/23191

Fax 0651/21149

mail: info@benediktinerinnen-trier.de

http://www.benediktinerinnen-trier.de

Benediktinerinnenabtei St. Hildegard

Postfach 1320

Klosterweg

65378 Rüdesheim am Rhein

Tel. 06722/499-0,

für Gastaufenthalte: -122 (Mo.–Fr. 9.30–11.00 Uhr, 15.00–16.00 Uhr)

Fax 06722/499-178

mail: gaeste-st.hildegard@t-online.de
http://www.abtei-st-hildegard.de

In der 1900–1904 erbauten Klosteranlage können Gäste ihre Zeit (in der Regel 3–7 Tage) individuell gestalten, aber auch begleitende Gespräche mit einer der Schwestern führen und/oder in den Betrieben und Werkstätten des Klosters mithelfen. Es besteht aber die Möglichkeit, in unmittelbarer Nähe des Klosters unterzukommen. Im Klosterladen gibt es u.a. Wein und Liköre vom Klosterweingut.

Kloster St. Lioba

Erzdiözese Freiburg

Riedbergstr. 1

79100 Freiburg-Günterstal

Tel. 0761/29294-0

Fax 0761/29294-39

mail: info@kloster-st-lioba.de

http://www.kloster-st-lioba.de.

http://www.weggemeinschaft.placidus.de.vu

Kloster Marienburg

Erzdiözese Freiburg

Priorin Scholastika Weber OSB

Post Wutöschingen

79793 Wutöschingen-Ofterdingen, Baden

Tel. 07746/9231-0; Fax07746/9231-44

Kommunität Venio

Erzdiözese München und Freising

Döllingerstr. 32

80639 München

Tel. 089/1795986

Fax 089/177004

mail: Kommunitaet.Venio@t-online.de

http://www.kommunitaet-venio-osb.de

Kongregation der Missions-Benediktinerinnen von Tutzing
Diözese Augsburg
Bahnhofstr. 3
82327 Tutzing
Tel. 08158/23-470
Fax 08158/23-57
mail: information@missions-benediktinerinnen.de
http://www.missions-benediktinerinnen.de

Gästehaus der Benediktinerinnen-Abtei
Abtei Frauenwörth im Chiemsee
83256 Frauenchiemsee
Tel. 08054/907-0
Fax 08054/7967
mail: Frauenwoerth@t-online.de
http://www.frauenwoerth.de

Das 772 gegründete Kloster kam mit der seligen Irmengard (gest. 866), einer Urenkelin Karls des Großen, zu großer Blüte. Die Abtei wurde 1803 säkularisiert und 1838 wieder eröffnet. Das romanische Münster und die karolingische Torhalle gehören zu den ältesten Kirchenbauten Bayerns. Für Hausgäste besteht die Möglichkeit zur Teilnahme am Chorgebet. Kloster zum Mitleben und Mitarbeiten nicht unter 14 Tagen. Kursprogramm, Besinnungstage bzw. Einzelexerzitien. Im Klosterladen kann man Liköre, Lebkuchen und Marzipan kaufen.

Abtei St. Walburg
Diözese Eichstätt
Postfach 1142
85072 Eichstätt
Tel. 08421/9887-0
Fax 08421/9887-40
mail: kloster.st.walburg@bistum-eichstaett.de
http://www.bistum-eichstaett.de/abtei-st-walburg

Kloster der Benediktinerinnen von St. Alban

Diözese Augsburg

86911 Diessen am Ammersee

Tel.08807/5001

Fax 08807/948862

http://www.kloster-st-alban.de

Kloster auf Zeit für Einzelgäste und kleine Gruppen. Klosterladen.

Abtei St. Erentraud

Diözese Rottenburg-Stuttgart

Kellenried 3

88276 Berg

Tel. 07505/95660

Fax 07505/1620

mail: info@abtei-kellenried.de

http://www.abtei-kellenried.de

Gästehaus, Teilnahme an Gottesdienstzeiten, Kursprogramm,
Klosterladen.

Priorat U. L. Frau

Diözese Freiburg

Klosterstraße 11

Habsthal

88356 Ostrach

Tel. 07585/656

Fax 07585/935845

mail: klosterhabsthal@web.de

Abtei St. Gertrud

Diözese Passau

Hauptstr. 1

94167 Tettenweis

Tel. 08534/9709-0 bzw. -122 (Abtei)

Fax 08534/9709-100

mail: abtei@sankt-gertrud.de

http://www.sankt-gertrud.de

Benediktinerinnen der Anbetung
Kloster Neustift bei Vilshofen

Diözese Passau

Klosterberg 25

94496 Ortenburg

Tel. 08542/9600-0

Fax 08542/2765

mail: priorat@kloster-neustift.de

http://www.benediktinerinnen-der-anbetung.de

Abtei Maria Frieden

Erzdiözese Bamberg

Kirchschletten 30

96199 Zapfendorf

Tel. 09547/9223-23

Fax 09547/9223-30

mail: abtei@abtei-maria-frieden.de

http://www.abtei-maria-frieden.de

Andere Orden

Salvatorianerinnen

Fürst-Bismarck-Str. 2–10

13469 Berlin

Tel. 030/409989-3

Fax 030/41130-50

mail: schwesternsds@aol.com

Kloster auf Zeit für Frauen, die im Kloster-/Klausurbereich untergebracht werden. Die Mitarbeit im Kloster ist möglich.

Steyler Missionarinnen
Herz-Jesu-Kloster Steyl
Sr. Margret Keuck, SSpS
Postfachadresse:
Steyler Missionarinnen
Postfach 2308
41310 Nettetal
Hausadresse:
Missiezusters Kloster van het heilig Hert
Zustersstraat 20
NL-5935 BX Steyl-Tegelen
Tel. 0031/77-3764-200 (Zentrale) bzw.- 241
Fax 0031/77-37164227
mail: ssps@steyl.eu bzw. m.keuck@hetnet.nl
http://www.steyler-missionarinnen.de

„Kloster auf Zeit"-Kurse für junge Frauen ab 16 Jahren: Mitleben, Mitbeten, Mitarbeiten im kurz hinter der deutsch-niederländischen Grenze gelegenen Steyl.

Kloster Marienhain der Schwestern Unserer Lieben Frau
Landwehrstr. 2
49377 Vechta
(Anfragen: Sr. Josefa Maria Bergmann, Kloster Marienhain,
Postfach 1452, 49363 Vechta)
Tel. 04441/947170
Fax 04441/7562
mail: sr.josefa@gmx.de
http://www.marienhain.de

Besinnungstage, Meditationstage, Mitleben nach Einzelabsprache.

Kloster zur hl. Elisabeth
Mutterhaus der Cellitinnen (Augustinerinnen)
Gleueler Str. 301
50935 Köln-Lindenthal
mail: info@celitinnen-zur-heiligen-elisabeth.de
http://www.celitinnen-zur-heiligen-elisabeth.de
Tel. 0221/4301021
Fax 0221/464720

Als Gäste werden nach vorheriger Vereinbarung Frauen und Gruppen aufgenommen; die Unterbringung erfolgt im Gästebereich; eine Mitarbeit im Kloster ist möglich. Es besteht die Möglichkeit zur persönlichen Begleitung.

Abtei Maria Frieden der Zisterzienserinnen
von der strengen Observanz (Trappistinnen)
53949 Dahlem
Tel. 02447/91779-0
Fax 02447/91779-99
mail: mariafrieden-ocso@web.de
http://www.abtei-maria-frieden-ocso.de

Aufenthalt nur nach Einzelabsprache.

Kongregation der Arenberger Dominikanerinnen
Cherubine-Willimann-Weg 1
56077 Koblenz
Tel. 0261/6401-1300
Fax 0261/6401-3206
mail: info@arenberger-dominikanerinnen.de
http://www.arenberger-dominikanerinnen.de

*Kloster auf Zeit für Frauen zwischen 18 und 35 Jahren, nach Absprache auch älter, mit persönlicher Begleitung und Mitarbeit in Haus oder Garten, wird zwar noch immer angeboten. Die Arenberger Dominikanerinnen haben aber inzwischen den neuen Trend gesetzt. Wellness, Wohlfühlen lernen steht im Mittelpunkt eines vielversprechenden, ganzjährigen Programms (vgl. auch S. **90** ff.).*

Barmherzige Schwestern vom heiligen Karl Borromäus
Mutterhaus Kloster Grafschaft

Annastraße 1

57392 Schmallenberg

Tel. 02972/791220

mail: info@borromeo.de

Kloster auf Zeit.

Missionsdominikanerinnen Kloster Schlehdorf
Haus Dominikus

Kirchstr. 9

82444 Schlehdorf am Kochelsee

Tel. 08851/181200 (tägl. außer Mittwoch: 9–12 Uhr)

Fax 08851/181201

mail: post@haus-dominikus.de bzw.

angela.ruser@haus-dominikus.de

http://www.schlehdorf.org

Kloster auf Zeit, Klosterladen, Adventsmarkt.

Zisterzienserinnenabtei Seligenthal

Bismarckplatz 14

84034 Landshut

Tel. 0871/821-0

Fax 0871/821-198

mail: m.petra@seligenthal.de

http://www.seligenthal.de

Gästezimmer, Einzelgespräche, Meditationsübungen.

Steyler Missionarinnen
Dreifaltigkeitskloster Laupheim

Albert-Magg-Str. 5

88471 Laupheim

Tel. 07392/9714-0

Fax 07392/9714-7513

mail: info@kloster-laupheim.de

http://www.kloster-laupheim.de

Kloster auf Zeit-Kurse für junge Frauen ab 18 Jahren bei den Steyler Missionsschwestern.

Kloster St. Dominikus der Missionsdominikanerinnen
vom Heiligsten Herzen Jesu

93426 Roding

Tel. 09461/2165

Einzelne Gäste werden aufgenommen.

Zisterzienserinnenabtei St. Josef

Abteistr. 1

94136 Thyrnau

Tel. 08501/93909-0

Fax 08501/1326

mail: abtei@kloster-thyrnau.de

http://www.kloster-thyrnau.de

Kloster auf Zeit.

Kongregation der St.-Franziskus-Schwestern

Vierzehnheiligen 8

96231 Bad Staffelstein

Tel. 09571/9560-0

Fax 09571/9560-160

mail: info@franziskusschwestern-vierzehnheiligen.de

Kloster auf Zeit.

Kloster der Dienerinnen des Heiligsten Herzens Jesu

Keinergasse 37/Baumgasse 20 (Herz Jesu Krankenhaus)

1030 Wien

Tel. 01/7122684-271

Fax 01/7122684-285

mail: sekretariat@herzjesu-schwestern.at

http://www.herzjesu-schwestern.at

Besinnungstage.

Marienschwestern vom Karmel

Sr. M. Bernadette Steiner

Friedensplatz 1

4020 Linz

Tel. 0732/775654

Fax 0732/775654-21

mail: mutterhaus@marienschwestern.at

http://www.marienschwestern.at

Kloster auf Zeit für Frauen in Linz, Aspach, Bad Kreuzen, Bad Mühllacken oder Grünau. Termin und Ort werden in Absprache mit den Interessentinnen geklärt. Es gibt die Möglichkeit, an geistlichen Angeboten teilzunehmen. Teilnahme am Chorgebet ist möglich.

Mutterhaus der Kongregation der Armen Schulschwestern vom Dritten Orden des heiligen Franziskus Seraphicus

Salzburger Str. 18

4840 Vöcklabruck

Tel. 07672/72667

Fax 07672/72667-150

mail: generalsekretariat@franziskanerinnen.at

http://www.franziskanerinnen.at

(im Entstehen: http://www.st-franziskus.at/schulschwestern)

Kloster auf Zeit.

Orden vom Heiligen Erlöser

Kloster St. Anna

Braunauer Str. 8

4910 Ried/Innkreis

Tel. 07752/82450-0

Fax 07752/82450-5

mail: ossr.ried@aon.at

http://www.redemptoristinnen.at

Stille Tage für Einzelne.

Benediktinerinnenabtei Nonnberg

Nonnberggasse 2

5020 Salzburg

Tel. 06222/841607

Fax 0622/849800

mail: mp.nonnberg@aon.at

http://www.benediktinerinnen.de/nonnberg.html

Kloster auf Zeit.

Schweiz

Kloster St. Ursula

Alte Simplonstr. 38

3900 Brig

Tel. 027/9221818; Fax027/9221808

mail: sekretariat@st-ursula.ch

http://www.st-ursula.ch

Kloster auf Zeit für Frauen zwischen 18 und 45 Jahren, die religiöse Vertiefung und persönliche Orientierung suchen. Die Unterbringung erfolgt je nach Wunsch im Kloster oder im Gästehaus. Mitarbeit bei anfallenden Hausarbeiten ist möglich, ebenso geistliche Begleitung.

Kapuzinerinnen-Kloster St. Anna, Gerlisberg

6000 Luzern

Tel. 041/3703743

Kloster auf Zeit mit geistlicher Begleitung für jüngere Frauen, die im Gästehaus untergebracht werden.

Kloster der Dominikanerinnen von Bethanien

6066 St. Niklausen/Obwalden

Tel. 041/66606200

Fax 041/66000201

mail: kloster.bethanien@bluewin.ch

http://www.kloster-bethanien.ch

Kloster auf Zeit für Frauen; Tage der Stille.

Benediktinerinnenkloster St. Niklaus von Flüe

6067 Melchtal

Tel. 041/6697020

Fax 041/6697027

mail: osb@kloster-melchtal.ch (Sr. Daniela)

http://www.kloster-melchtal.ch

Das 1866 gegründete Kloster liegt im Wallfahrsort Melchtal in der Innerschweiz. Kloster auf Zeit für religiös interessierte Frauen (Anmeldung auch online über einen Fragebogen möglich); die Unterbringung erfolgt im Gästehaus evtl. auch im Kloster. Die Mitarbeit von Gästen ist möglich, ebenso geistliche Einzelgespräche. Auch „Tage der Stille"-Kurse.

Zisterzienserinnenabtei St. Katharina

6274 Eschenbach/Luzern

Tel. 041/893738

Fax 041/891332

Beschränktes Angebot für Interessierte am Klosterleben.

Mutterhaus der Schwestern vom
Heiligen Kreuz Menzingen
Postfach 11
Hauptstr. 11
6316 Menzingen bei Zug
Tel. 041/7574040
Fax 041/7574030
mail:schwestern@institut-menzingen.ch
http://www.kath.ch/kloster-menzingen

Exerzitien, Tage der Stille, Kloster auf Zeit, Treffen an Ostern, Pfingsten, Advent für junge Frauen. Es besteht die Möglichkeit zum Mitleben und -arbeiten in der Klostergemeinschaft.

Franziskanerinnenkloster St. Josef
6436 Muotathal/Schwyz
Tel. 043/4711114 (9–11 Uhr und 14.30–16.30 Uhr)
mail: info@franziskaner-minoriten.ch
http://www.minoritinnen.ch

Einzelvereinbarungen.

Mutterhaus der Barmherzigen Schwestern vom Heiligen Kreuz
Kloster Ingenbohl
Klosterstr. 10
6440 Brunnen/Schwyz
Tel. 043/8252000
Fax 043/8252266
mail: info@kloster-ingenbohl.ch
http://www.kloster-ingenbohl.ch

Besinnungstage, Fastentage oder -wochen.

Zisterzienserinnenabtei Wurmsbach

8715 Bollingen/St. Gallen

Tel. 055/283232

Fax 055/287289

mail: info@wurmbach.ch

http://www.wurmbach.ch

Mitleben.

Kontemplatives Dominikanerinnen-Kloster
Maria Zuflucht

Im Städli 29

8872 Weesen/St. Gallen

Tel. 055/6161625 oder 079/5818606

mail: info@kloster-mariazuflucht.ch

http://www.kloster-mariazuflucht.ch

Ort der Stille und des Gebets für Frauen.

Fürstentum Liechtenstein

Kloster St. Elisabeth der Anbeterinnen des Blutes Christi

9494 Schaan/Fürstentum Liechtenstein

Tel. 423/2396444

Fax 423/2396445

mail: pforte@kloster.li

http://www.kloster.li

Kloster auf Zeit.

Sœurs Clarisses

11700 Azille

Tel. 04 68 91 40 24

Fax 04 68 91 56 12

Einkehrtage bis zu einer Woche.

Abbaye Notre-Dame de Bonneval

12500 Le Cayrol-Espalion

Tel. 05 65 44 01 22

Fax 05 65 44 77 69

Zisterzienserinnen empfangen für wenige Tage Gäste.

Monastère Sainte-Claire

17, rue Wulfran Puget

13008 Marseille

Tel. 04 91 77 65 75

Schriftliche Anfrage wegen Einzelaufenthalten zur geistlichen Erholung bei Klarissen.

Abbaye Notre-Dame de Fidélité

13490 Jouques (Boncheo-du-Rhône)

Tel. 04 42 57 80 17

Fax 04 42 67 05 21

Aufenthalte bei Benediktinerinnen.

Monastère des Annonciades

14160 Brucourt

Tel. 02 31 24 89 94

Fax 02 31 28 70 06

mail: brucourt@annonciade.org

Fraueneinkehrtage bis zu einer Woche.

Monastère du Carmel

6, rue du Puits Noir

18000 Bourges

Tel. 02 48 24 34 04

Fax 02 48 70 08 22

mail: carmel@diocese-bourges.org

http://diocese-bourges.org/carmel/vie.htm

Vier Zimmer für individuelle Einkehrtage von Frauen.

Monastères Saint-Paul de la Croix

19/21, route de Vaux

27120 Croisy-sur-Eure

Tel. 02 32 36 16 63

Fax 02 32 36 82 23

mail: carmel@diocese-bourges.org

http://diocese-bourges.org/carmel/vie.htm

Einkehrtage in „Stille und Einsamkeit" bei Passionistennonnen.

Monastères Sainte-Françoise-Romaine

27800 Le Bec-Hellouin

Tel. 02 32 44 81 18

Fax 02 32 45 90 53

Einkehrtage bei Benediktinerinnen.

Monastère Sainte-Claire

29, avenue de la Libération

42600 Montbrison

Tel. 04 77 58 13 35

mail: contact@catholique-saint-etienne.cef.fr.

Klarissen, Aufenthalte bis zu fünf Tagen im Sommer möglich.

Carmel de Micy-Orléans

18, rue Claude-Joliot

45750 Saint-Pryvé-Saint Mesmin

Tel. 02 38 66 62 40

http://www.carmel.asso.fr/Presentation-des-Monasteres.html

Karmelitinnen, Tage der Stille und des Friedens.

Carmel d'Angers

39, rue Lionnaise

49100 Angers

Tel. 02 41 87 72 35

Fax 02 41 86 07 74

mail: carmel.angers@carmel.asso.fr

http://catholique-angers.cef.fr/site/173.html

Wochenendaufenthalte für Frauen.

Prieuré de Notre-Dame du Calvaire

8, rue Vauvert

49100 Angers

Tel. 02 41 87 76 28

Fax 02 41 20 47 65

http://catholique-angers.cef.fr/site/171.html

Aufenthalte in der Klausur für Frauen.

Monastère des Carmélites

59, bd du Luxembourg

50300 Avranches

Tel. 02 33 58 23 66

mail: carmel.avranches@wanadoo.fr

http://www.carmel.asso.fr/Avranches.html

Einkehrtage für Frauen.

Abbaye de Notre-Dame de la Coudre

B. P. 0537	
53005 Laval Cédex	
Tel. 02 43 02 85 85	
Fax 02 43 66 90 18	
mail: abbessecoudre@wanadoo.fr, prieurecoudre@wanadoo.fr	
http://www.abbaye-coudre.com	

Trappistinnen mit Beherbergungsangebot bis zu einer Woche.

Monastères de la Visitation

9, rue Maquétra
62280 Saint-Martin-les-Boulogne
Tel. 03 21 31 35 88
Fax 03 21 80 88 05

Zehn Plätze in der Klausur für kontemplative Tage von Frauen.

Monastères des Clarisses Capucines

11, avenue de Villars
63400 Chamalieres Cédex
Tel. 04 73 37 73 11
Fax 04 73 31 18 65
mail: clarissecapucine@wanadoo.fr

Acht Zimmer für Frauen, die zeitweise im Kloster leben wollen.

Monastère Sainte-Claire

78, rue de la Grotte
65100 Lourdes
Tel. 05 62 94 32 53

Coordinatrice des présidentes des fédérations-clarisses-France-Belgique-francophone
3, rue Sainte Claire
12100 Millau
Tel. 05 65 60 21 01
Fax 05 65 60 78 30
mail: fede.claire@wanadoo.fr, clarissesfrance@aol.com
http://www.franciscain.net

Angebot für Mädchen, die sich fürs Klosterleben interessieren.

Monastère de la Visitation
20, avenue Antoine Béguère
65100 Lourdes
Tel. 05 62 94 11 68
Fax 05 62 94 96 43
mail: monastere-la-visitation-lourdes@wanadoo.fr

Klausurangebot in Kontemplation für Frauen.

Carmel de la Penuela
5 ter, rue Gambetta
65200 Bagnères-de-Bigorre (Tarbes)
Tel. 05 62 95 07 13
Fax 05 62 95 24 92

Außerhalb der Klausur Aufnahme von Frauen für Meditation.

Abbaye Notre-Dame d'Altbronn
67120 Ergersheim
Tel. 03 88 47 95 40
Fax 03 88 47 95 47
mail: abaltbronn@wanadoo.fr

Gäste werden im nahegelegenen Gästehaus des elsässischen Klosters untergebracht und können an den Gebetszeiten teilnehmen.

Monastère Notre-Dame du Val d'Adoration

Le Val-St-Benoît

71360 Épinac

Tel. 03 85 82 04 32

Fax 03 85 82 90 61

Mehrere Zellen für absolute Einsamkeit bei der Gemeinschaft der Schwestern von Bethlehem. Sie führen ein Leben nach der Spiritualität der Kartäuser. Eigene Liturgie mit ostkirchlichen Merkmalen.

Monastères de la Visitation

11, avenue de la Visitation

74000 Annecy

Tel. 04 50 45 20 30

Fax 04 50 92 83 95

mail: visitation.annecy@wanadoo.fr

http://www.visitationdannecy.free.fr

Maximal acht Tage für junge Frauen.

Monastère de l'Adoration-Réparatrice

39, rue Gay-Lussac

75005 Paris

Tel. 01 43 26 75 75

Fax 01 43 25 95 54

Außer Juli und August: Tage der Stille für Frauen.

Abbaye Notre-Dame de Saint-Pierre

77515 Faremoutiers

Tel. 01 64 04 20 37

Fax 01 64 20 04 69

Benediktinerinnen, Beteiligung an der Liturgie.

Carmel d'Amiens

656, rue Saint-Fuscien

80090 Amiens

Tel. 03 22 95 63 16

Fax 03 22 89 04 48

mail: carmel.amiens@wanadoo.fr

Abbaye Sainte-Scholastique

81110 Dourgne

Tel. 05 63 50 31 32

Fax 05 63 50 12 18

mail: econome@benedictines.dourgne.org

Benediktinerinnen bieten mehrtägige Aufenthalte, überlassen die Gestaltung den Gästen.

Monastère Sainte-Claire du Sacré-Coeur

11, rue du Couvent

81200 Mazamet

Tel. 05 63 61 05 33

mail: ste.claire.mazamet@wanadoo.fr

Aufenthalt bei Klarissen nach individueller Absprache.

Prieuré La Font Saint Joseph du Bessillon

5248, chemin de St Joseph

83570 Cotignac

Tel. 04 94 04 63 44

Fax 04 94 04 79 78

Einkehrtage für Frauen bei Benediktinerinnen.

Abbaye Notre-Dame de L'Annonciation

La Font de Pertus

84330 Le Barroux

Tel. 04 90 65 29 29

Fax 04 90 65 29 30

http://abbaye.nda.internetologis.com

Benediktinerinnen bieten Einkehrtage für Frauen.

Abbaye Notre-Dame de Bon Secours La Trappe

84570 Blauvac

Tel. 04 90 61-81 17, hôtelière: -79 33 (Sœur Bénédicte)

Fax 04 90 61 98 07

hoteliere@abbaye-blauvac.com

http://www.abbaye-blauvac.com

Gebetstage bei den Trappistinnen.

Monastère de la Croix et de la Miséricorde

19, Cours Monseigneur Romero

91025 Evry Cédex

Tel. 01 64 97 22 72

Fax 01 64 97 22 91

http://catholique-evry.cef.fr./Dominicaines-de-la-crois-et-de-la

Klausuraufenthalt bei Dominikanerinnen.

Hinweis: In Italien muss auch bei Ortsgesprächen die Vorwahl mitgewählt werden. Die 0 entfällt auch bei Gesprächen aus dem Ausland nicht. Ein Anruf in Rom aus Deutschland beginnt so z. B. immer mit 0039 (Italien), 06 (Rom).

Casa Famiglia Suore Benedettine di Carità
Via da Torre Argentina, 76
00186 Rom
Tel./Fax 06 688 05091

Studentinnen werden bevorzugt aufgenommen.

Suore Pie Operaie
Via da Torre Argentina, 76
00186 Rom
Tel. 06 686 1254

Preiswerte, karge Pension für Frauen und verheiratete Paare nahe dem Pantheon.

Casa Regina del Santo Rosario
Via Giusti 35
50121 Florenz
Tel. 055 247 7636
Fax 055 226 9149

Nur für Frauen geöffnet.

Conservatorio S. M. degli Angeli

Via della Colonna 34

50121 Florenz

Tel. 055 247 8051

mail: angeli.fi@tiscali.it

http://www.conservatorioangeli.it/visit.htm

Nur für Frauen geöffnet.

Spanien

Monasterio de Sant Benet

Carretera de Montserrat

08199 Montserrat (Barcelona)

Tel. 93 8350078

Fax 93 8284229

mail: stbenet@benedictinescat.com

http://www.benedictinescat.com/Montserrat/vidacast.html

Benediktinerinnen; für Frauen mit höchstens zehn Tagen Aufenthalt.

Real Monasteri de las Huelgas

Las Huelgas

C/ Los Compases s/n

09001 Burgos

Tel. 947 201630

Fax 947 279729

Aufenthalte für Frauen bis zu acht Tagen, Doppelzimmer, Essen mit den Zisterzienserinnen.

Malta

Monasteru San Pietru
Triq Villegaignon
Mdina RBT 12
Malta
Tel. 00356 454355 oder 451889
Fax 00356 450902

Einkehrtage für Frauen.

Großbritannien

Saint Celicia's Abbey
Ryde PO331 LH (Ile of Wight)
Tel. 01983 562602

Zisterzienserinnen, gesondertes Gästehaus für Frauen und Familien.

Rumänien

Manastirea Dragomirna
Monastery Dragomirna
Mitocul Dragomirnei
727366 Suceava
Tel. 0040 230 533 839
http://www.dragomirna.ro

Orthodoxe Nonnen.

Gut aufgehoben im „Wohlfühlgarten Gottes"

Dominikanerinnen haben in Arenberg einen Trend für Wellness im Klosterurlaub etabliert

Bilder und Szenen aus einem Tag im Kloster Arenberg der Dominikanerinnen auf der rechten Rheinseite von Koblenz: Vormittags Spaziergang durch einen weitläufigen Park mit Gartenhaus, umgeben von Beeten mit Kräutern. Von hier beziehen die Schwestern alles, was ihr Essen würzt und gesund macht.

Eine halbe Stunde auf einer Behandlungsliege. Schwester Andrea knetet leicht den mit Duftöl aromatisierten Körper. Leise Musik schafft Entspannung. Eine Shiatsu-Kopfmassage zeigt unerwartete Wirkung. „Bleiben Sie noch etwas liegen. Sonst könnte Ihnen beim Aufstehen schwindelig werden." Der überhöhte Blutdruck ist danach in der Tat ohne weitere Medikamente unter Normalwerte gesunken.

Die Behandlung endet gerade rechtzeitig vor der Mittagshore, dem Stundengebet der Schwestern, das sie gemeinsam im Chorraum verrichten. Die Texte regen zum Nachdenken an, auch wenn ihre Formulierungen den meisten fremd, aus einer anderen religiösen, vergangenen Welt zu stammen scheinen.

Mittags das Essen in zwei Räumen zur freien Auswahl: einem stillen Ort und einem „normalen", mit und ohne laute Tischgespräche. An einem Tisch im „lauten" Speisesaal sitzt ein neuer Gast, eine Frau Mitte zwanzig, Krankenschwester, ausgebrannt, beruflich überlastet, mit schweren privaten Aufgaben vor sich. Eine Woche hat sie hier, im Kloster Arenberg, gebucht, um körperlich wie seelisch wieder fit zu werden, zum ersten Mal, denn der Klosterurlaub kostet Geld, vergleichsweise nicht viel. Aber wenn man wenig verdient und auf nützliche Anwendungen nicht verzichten möchte, kann es eng werden, wenn man pro Tag um die hundert Euro kalkulieren muss. Die Erfolgsaussichten lassen die junge Frau die an anderer Stelle notwendigen Einsparungen verschmerzen.

Nachmittags Schwimmen im Vitalzentrum, das Schwester Andrea leitet. Draußen spazieren vereinzelt Schwestern mit Gästen durch das Grün. Worüber reden sie? Unterhalten sie sich mehr über Gott oder über die Welt? Wer gibt wem Lebenshilfe? Das bleibt das Geheimnis der Schwestern und geht sonst niemanden etwas an. Abends Meditation in der Kapelle im obersten Stock eines zentralen Neubaus. Eine Schwester legt das alttestamentliche Bild vom brennenden Dornbusch als Lebenshilfe für heutige Menschen aus. Nicht jedermanns Wellenlänge, aber ein Angebot, das irgendwie dazugehört.

Dazugehören tut auch vieles, was etwa um die Wende ins dritte Jahrtausend in Kloster Arenberg aufgebaut worden ist. Die bis dahin praktizierten Übungen nach den Lehren des Pfarrers Sebastian Kneipp hatten den Niedergang nicht aufhalten können. Neue Ideen mussten gefunden oder möglicherweise das Kloster wesentlich verkleinert, der Kurbetrieb vielleicht ganz geschlossen werden. Eine Entscheidung, die schwer zu treffen schien, nicht nur wegen der herrlichen Lage auf der Höhe und dem an ein Internat des 19. Jahrhunderts erinnernden Schwesternhaus. Schade auch wegen des Bibel- und des Kräutergartens.

Es kam anders. Arenberg steht heute für einen neuen Trend des Klosterurlaubs, der vor allem von Frauenorden aufgegriffen und weiterentwickelt wird. Die Arenberger Dominikanerinnen nennen ihr Gesamtwerk einen „Wohlfühlgarten Gottes". Ihr „Erholen, Begegnen und Heilen" hat nur noch in Ansätzen mit Kloster, Klausur, klassischer Wellness und Kneipp zu tun, auch wenn dessen Anwendungen auch heute noch in das Wellnessprogramm integriert sind und, wie die Schwestern betonen, dazu beitragen, „mit allen Sinnen zu neuer Vitalität" zu kommen.

Mit allen Sinnen, mit Köper, Leib und Seele, nicht abgeschieden hinter dicken Klostermauern, sondern mitten im Leben und für jedermann, ob Gläubiger oder Atheist, greifbar nahe. So stellt sich dieses Konzept dar, das inzwischen über das ganze Jahr das Arenberger Haus füllt und die Gäste ebenso wie die 80 Mitarbeiter, Laien und Ordensfrauen, mehr als befriedigt. Es erfüllt ihr Leben als Gebende und Nehmende mit Sinn.

In Arenberg wird Wellness neu definiert. Der kürzeste Nenner dafür könnte werbewirksam lauten: Beten und Baden. Er reicht aber nicht, weil Beten vielen schwer fällt, die dennoch mit großem Gewinn eine Woche in Arenberg erlebt haben. Der Sammelbegriff „Baden" allein verkürzt Wellness auf körperliche Fitness, wie sie in zahllosen Tourismusangeboten in der ganzen Welt mit allen möglichen landschaftlichen Reizen, technischen, sportlichen und sonstigen Qualen offeriert werden.

Die Dominikanerinnen haben dies und die Erfahrungen von Kloster auf Zeit weiterentwickelt und in Ordenskreisen Neugier und erste Nachahmer geweckt. Viele Klöster befinden sich in derselben Lage wie die Arenberger Ende der 1990er Jahre: Schließen oder neue Ideen finden und umsetzen? Die caritativen und heilkundigen Erfahrungen der Frauenorden münden fast zwangsläufig in ein spezifisch klösterliches Konzept von Wellness.

Männer sind in den Klöstern mit Wellness-Konzept zwar als Gäste herzlich willkommen. Ihre Klosterurlaube orientieren sich in der Mehrzahl aber noch immer an den ebenso sinnvollen wie traditionellen Modellen, wie sie in anderen Kapiteln des vorliegenden Buches beschrieben sind. Die meisten Klöster haben gar keine andere Möglichkeit, weil die wenigsten zuvor einen Bäderbetrieb unterhalten haben. Missionsorden, kontemplative Gemeinschafen oder Apostolate in der Erziehung verlieren nicht an Wert und Attraktivität, wenn sie im Kloster auf Zeit oder Klosterurlaub außer Spiritualität und Stille wenig mehr offerieren können. Ihre Zielgruppen sehen eben anders aus.

Frauenorden haben ihren eigenen Möglichkeiten entsprechend die Idee des Klosterurlaubs aufgegriffen und öffnen ihre Klosterpforten für Frauen auf Sinnsuche und typisch weibliche Wünsche. Benediktinerinnen ebenso wie Franziskusschwestern schaffen Raum für andere Erfahrungen als die üblichen Erwartungen der Männer. Das können Garten- oder Handarbeit sein. Rein religiöse Motive sind dadurch nicht ausgeklammert. Die Generalvikarin vom bayerischen Kloster Vierzehnheiligen, Schwester Regina Pröls, hat eine Erklärung für die große Zahl junger Frauen gefunden, die sich dorthin zum Klosterurlaub zurückziehen. Sie liegt in der besonderen Rolle der Nonnen: „Die jungen Menschen, die zu uns kommen, suchen Spiritualität. Und sie erwarten auch, dass wir Spiritualität leben." Auch wenn immer mehr Bücher zum Thema erscheinen, sei Spiritualität nichts Theoretisches. Sie sei vom Leben erfüllt und geprägt. Die Gäste suchten vor allem Beispiele dafür, wie Glaube gelebt werden kann. „Das möchten sie erleben" – in der Ruhe eines „heilenden Ortes" nach dem realen Vorbild der Schwestern.

Der „heilende Ort" stimmt in jeder Beziehung bei den Arenberger Dominikanerinnen. Sie sehen sich nicht als Konkurrenz zum traditionellen Kloster auf Zeit, sondern als Vertreterinnen eines neuen Trends, einer Mischung von Stille und Aktivität, von Meditation und Geselligkeit. Die Hemmschwelle, zu ihnen zu kommen, liegt deshalb niedriger als bei den stärker religiös argumentierenden Orden, deren Gäste sich bewusst mit Religion und klösterlichem Leben auseinandersetzen wollen. Manche spielen sogar mit dem Gedanken, länger oder für immer ins Kloster zu gehen. Heute wieder mehr als noch vor einer Generation.

Die Arenberger Dominikanerinnen gehen nicht von solchen Vorannahmen aus. Die Orden haben schließlich mit dieser Form von Nachwuchswerbung dem Klosterurlaub eher geschadet, weil die Einladung missverstanden worden ist. Natürlich liegt es für Pater, Fratres und Schwestern nahe, die Gäste zu mehr Kloster zu bewegen, wenn sie schon zu ihnen kommen und offen für das klösterliche Dasein sind. Das muss sich aber absichtslos entwickeln, weil allein schon der Verdacht, auf diese Weise vereinnahmt werden zu sollen, viele vom Klosterurlaub abschreckt.

Der Aufenthalt im Kloster sollte an wenige Bedingungen geknüpft werden. Von den Arenberger Dominikanerinnen könnte beispielsweise jene einzige Bedingung stammen, die die Benediktinerinnen des Klosters St. Niklaus von der Flüe in Melchtal, Schweiz, als Bitte an die Gäste formuliert haben: „Zueinander ja sagen." In Arenberg kann aber auch jeder allein seine Heilung suchen – wenn er es durchhält. Denn die Atmosphäre wirkt ansteckend offen. Man kommt ins Gespräch, auch wenn man es im Voraus eher nicht einkalkuliert hat.

Worin liegt aber nun das Plus des Trends von Arenberg, das kein Wellness-Hotel und bisher nur die wenigsten Klöster bieten können? Es ist vielgestaltig. Schwester Andrea verweist auf Eutonie. Das griechische Wort bedeute „gute Spannung" oder „Wohlspannung". Es beschreibt heute eine Methode, die von der Physiotherapeutin Gerda Alexander begründet wurde als eine Körper-Seele-Arbeit, die den ganzen Menschen in den Blick nimmt.

Schwester Andrea: „Ihr stärkstes Instrument ist die Achtsamkeit, in der ein Mensch lernt, seinen eigenen Körper zu ertasten und zu erspüren. Diese Fähigkeit ist vielfach verkümmert oder ganz verloren gegangen." Eutonie werde heute hauptsächlich als Entspannungsmethode verstanden, obwohl ihr ursprüngliches Ziel sei, „den Menschen zwischen hohen und tiefen Spannungen schwingungsfähig zu machen. Loslassen ist wesentlich in der Eutonie. Es ist ein Sich-Überlassen, und zwar den in uns wirkenden Kräften. Wesentlich ist ein Erkennen der eigenen Bedürfnisse und ein Wiederfinden der in uns angelegten Ordnung. Auf diese Weise kann uns auch die Erfahrung einer höheren Ordnung mehr und mehr zugänglich werden. Eutonie arbeitet mit inneren Spürübungen und einem gezielten Druck auf Körperstellen, die wie leichte Massage auf einzelne Körperbereiche wirken. Eutonie ist hilfreich bei Kopf- und Rückenschmerzen, Verspannungen und Nervosität."

Schwester Andrea kann das nicht nur als Bestandteil der Arenberger Wellness erklären. Vor dem Eintritt in den Orden hat sie klassische Massage gelernt, Atemarbeit und Physiotherapie. Dass ihre Arbeit im Kloster erfolgreich ist, verwundert vor diesem Hintergrund nicht. Was sie im Vitalzentrum praktiziert, wird ergänzt durch die Tätigkeit dreier Seelsorger, die helfen, mit schwierigen Lebenssituationen fertig zu werden.

Zum Wohlfühlen braucht der Mensch also nicht nur Stille und Ruhe. Die Dominikanerinnen erinnerten sich des dominikanischen Mystikers Meister Eckhart, der nichts von Eutonie wusste. Er empfahl all jenen, die auf der Suche sind, die krank sind, ohne zu wissen, warum: „Nimm dich selbst wahr." Die Schwestern helfen dazu mit der Heilkraft des Wassers, aktiver Entspannung, heilender Wirkung von Kräutern, einer gesunden Ernährung, und, wenn es gewünscht ist, sogar mit chinesischem Qi Gong im katholischen Kloster.

Auch dazu liefert Vital-Schwester Andrea die Begründung. Qi Gong sei eine chinesische Meditations-, Konzentrations- und

Bewegungsabeit zur Gesundheitsvorsorge. Sie stärke das Immunsystem, mache die Bewegungen geschmeidig und wirke auf den Geist harmonisierend wie eine Meditation. Man kann Qi Gong übersetzen mit „die Lebensenergie ins Fließen bringen". Diese Tradition ist zwei- bis dreitausend Jahre alt und wurde als Teil der traditionellen chinesischen Medizin von Ärzten am kaiserlichen Hof praktiziert, aber auch in den Klöstern der Shaolin-Mönche.

Qi Gong, so erläutert Schwester Andrea, arbeite mit einer Kombination von Atemübungen, langsamen Körperbewegungen und innerer Konzentration. Die Zusammenführung und Harmonisierung des Geistes und der körperlichen Sinneswahrnehmung ermögliche eine körperliche Erfahrung geistiger Inhalte. „Gotteserfahrung wird zu einer greifbaren Tatsache. Der Mensch wird durch Gott körperlich berührt, erfasst und auch geführt."

Wer damit Mühe hat und sich nicht auf chinesische Übungen einlassen will, kann es mit den zehn Lebensregeln versuchen, die die Dominikanerin auch in ihrem gemeinsam mit vier weiteren Autoren verfassten Taschenbuch „Der Wohlfühlgarten Gottes" aufgeschrieben hat:

1. Gesundheit kann man nicht kaufen. Man muss sich täglich um sie bemühen und mit einer ausgeglichenen Lebensweise gut für sich selbst sorgen. Es gibt mehr zwischen Himmel und Erde, als Sie je für möglich gehalten haben.

2. Sehen Sie in jedem anderen Menschen ein Wesen, das ebenso wie Sie nach Glück strebt. Versuchen Sie, den anderen mit den Augen des Herzens anzusehen, aber verlieren Sie sich selbst nicht aus dem Blick. Wenn Sie sich für die einsetzen, die ihre Hilfe brauchen, stärkt das die soziale Gemeinschaft und schenkt Vertrauen in die eigene Kraft. Tun Sie nicht mehr, als Sie vermögen.

3. Denken Sie an die begrenzten Ressourcen der Erde. Kaufen Sie gesunde Lebensmittel und unterstützen Sie den Lebensmittelladen in der Nachbarschaft. Seien Sie sparsam beim Gebrauch von Wasser, Strom und Benzin.

4. Freuen Sie sich über die kleinen Dinge des Lebens, versuchen Sie deren Schönheit zu erkennen und betrachten Sie die Natur mit all ihren Lebewesen als Ihnen verwandt. Halten Sie sich nicht zurück, wenn Kritik notwendig ist, aber seien Sie ebenso großzügig mit Lob und Anerkennung.

5. Suchen Sie einen sanften Ausgleich zu Stress und Anspannung. Erspüren Sie ihre tiefen Bedürfnisse, selbst wenn sie sich zunächst scheinbar nicht mit dem hektischen Alltagsleben vereinbaren lassen. Machen Sie Termine mit sich selbst, bei denen Sie nur das tun, was Ihnen Freude bereitet.

6. Leben ist Bewegung. Gehen Sie, wann immer es möglich ist, an die frische Luft. Nehmen Sie sich die Zeit, zu Fuß zu gehen, statt das Auto zu benutzen. Treiben Sie Sport, jedoch ohne übertriebenen Leistungsanspruch. So bringt Bewegung Fröhlichkeit, stärkt den gesamten Organismus und verleiht Ihnen Ausdauer und einen langen Atem.

7. Stärken Sie sich täglich mit einfachen Kneipp-Anwendungen. Wechselduschen, Arm- und Fußbäder vertreiben Unpässlichkeit und bringen Ihr Immunsystem auf Vordermann.

8. Ernähren Sie sich nach gesunden Prinzipien. Spüren Sie, welche Nahrung Ihnen gut tut und welche Sie müde macht. Essen Sie viel Frischkost, Getreide, verwenden Sie native Pflanzenöle. Frische, unbehandelte, einheimische Lebensmittel lassen sich als Rohkost oder schonend gegart appetitlich anrichten und versorgen den Körper mit allen wichtigen Nährstoffen.

9. Gehen Sie bewusst und verantwortlich mit Nikotin, Alkohol oder auch Zucker um und sorgen Sie dafür, dass Sie Ihren Körper nicht vergiften. Versuchen Sie, sich einmal im Jahr für einige Zeit dieser Gifte ganz zu enthalten, damit Ihr Körper sich erholen kann.

10. Lernen Sie realistisch einzuschätzen, was Sie leisten können, und setzen Sie sich ohne Zurückhaltung für das ein, was Ihnen am Herzen liegt. Lernen Sie aber auch, Ihre Grenzen zu akzeptieren, und seien Sie mit sich und anderen geduldig, wenn etwas nicht sofort gelingen will.[1]

Soweit die zehn Gebote der Schwester Andrea. Zum gesunden Leben kann jeder Besucher aus dem Kloster noch viel mehr Anregungen mitnehmen. Die Buffets zum Essen halten sich an diese zehn Gebote. Wer sie und noch mehr daheim nachmachen will, findet Hilfe bei Schwester M. Josefa. Sie hat im genannten Buch eine lange Liste von natürlichen Heilmitteln aus dem Kräutergarten zusammengestellt – von den Grünen Brötchen über Spitzwegerichsuppe bis zum Wohlfühltee und zur Knoblauch-Zitronen-Kur. Hildegard von Bingens Ratschläge werden in Arenberg voll integriert zu einem Wellness-Programm, das nichts auslässt, immer davon ausgehend, dass jemand, der für einige Zeit ins Kloster geht, grundsätzlich sich selbst etwas Gutes tun möchte.

---

1 Zitiert nach: Iris Rohmann (Hrsg.): Kloster Arenberg – Der Wohlfühlgarten Gottes. Mit allen Sinnen zu neuer Vitalität. Reinbek (Rowohlt) 2007.

Kongregation der Arenberger Dominikanerinnen
Cherubine-Willimann-Weg 1
56077 Koblenz
Tel. 0261/6401-1300
Fax 0261/6401-3206
mail: info@arenberger-dominikanerinnen.de
http://www.arenberger-dominikanerinnen.de

Was Sie tun können, um Enttäuschungen zu vermeiden

Lage des Klosters, das ständig sich erweiternde Angebot, Typ des
Ordens und andere nützliche Fragen vor dem Klosterbesuch klären

Die deutschen Ordensgemeinschaften bieten in mehr als 250
Klöstern Gelegenheit zu Gastaufenthalten an und haben dazu
Informationsmaterial zusammengestellt. Es kann unter dem Titel „Atem holen" gegen Voreinsendung von Briefmarken im Wert
von € 1,53 angefordert werden beim Haus der Orden, Postfach
1601, 53006 Bonn. Viele der in der Broschüre aufgeführten Ordensgemeinschaften übersenden auf Wunsch auch ihre eigenen
Faltblätter und Broschüren, durch die alles Wissenswerte über
einen Gastaufenthalt zu erfahren ist.

Die Ordensgemeinschaften weisen darauf hin, dass zwar in
den meisten Klöstern Männer und Frauen aller christlichen Be-

kenntnisse sowie alle ernsthaft Suchenden zum Mitleben willkommen seien, die in einer vom Gebet getragenen Atmosphäre der Ruhe und klösterlichen Gemeinschaft zu sich selbst finden und Gott näher kommen wollen. Zu Gast sein können Einzelpersonen und zum Teil auch Gruppen, in vielen Klöstern auch Ehepaare und Familien mit Kindern. In dem großen anschließenden Adressenverzeichnis wird auf diese Bedingungen jeweils im Einzelnen hingewiesen.

Nachhaltig betonen die Ordensgemeinschaften, aber auch der Autor aufgrund seiner eigenen Erfahrungen, dass der Gastaufenthalt im Kloster sich nicht für überwiegend touristisch interessierte Besucher eignet oder für Interessierte, die nur billig wohnen oder Urlaub machen wollen, wenn man unter Urlaub das pure Faulenzen zu vorteilhaften Preisen versteht. Die Preise sind in der Tat ausgesprochen günstig. Manche Klöster erwarten nicht einmal eine Bezahlung, sondern Mitarbeit, sich nützlich machen. Vollpension beginnt bei etwa 30 Euro pro Tag, wenn keine weiteren Programme angeboten werden.

In allen Klöstern wird erwartet, dass der Gast sich während seines Aufenthaltes der klösterlichen Tagesordnung angemessen anpasst und die Angebote der gastgebenden Klostergemeinschaft mitvollzieht. Sich entspannen, zur Ruhe kommen, neue Kräfte sammeln, die innere Mitte finden, das kann sehr wohl ein Urlaub der anderen Art sein und für sich allein schon das Kloster auf Zeit begründen. Den Tagesablauf der Mönche oder Nonnen mitzumachen kann allerdings bedeuten, seine Gewohnheiten völlig zu vergessen. Aufgestanden wird ab 4:30 Uhr. Die Morgentoilette kann jeder in seiner Zelle absolvieren. Die Zellen sind meist mit Waschbecken ausgerüstet, evtl. auch mit eigenem WC.

Noch vor dem Frühstück stehen die Laudes, das Morgenlob, auf dem Programm. Das gemeinschaftliche Gotteslob wird gesungen in Deutsch oder Latein, je nach Orden und lokaler Tradition. Davor und danach bleibt genügend Zeit für stilles Gebet.

Nach dem Morgenlob wird die Heilige Messe gemeinsam gefeiert. Erst danach ist meist das Frühstück an der Reihe, das bei den besten Klosterprogrammen mit den Mönchen oder Nonnen gemeinsam nach deren Gewohnheit und Speisezettel eingenommen wird. In weniger anspruchsvollen und weniger integrierenden Häusern sind die Gäste in einem gesonderten Hausteil untergebracht, einer Art Hotelbetrieb, wo auch die Einbindung in den rituellen Tagesablauf weniger streng genommen wird.

Zur dritten, sechsten und neunten Stunde nach antiker Zeitrechnung beten die Mönche die Terz, Sext und Non, der sich am späteren Nachmittag die Vesper anschließt. Sie markiert gewöhnlich gegen 17:00 Uhr den Abschluss der Öffnungszeiten für Besucher von außerhalb. Danach schließen die Klosterpforten für Fremde, und von den Gästen des Klosters auf Zeit wird erwartet, dass sie von dieser Zeit an ebenfalls „zu Hause" bleiben.

Nach dem Abendessen, das lokalen Gewohnheiten folgt und damit zu verschiedenen Zeiten stattfindet, treffen sich Mönche bzw. Nonnen und Gäste nochmals zum Gebet, zur Komplet, die den Tag vor der Nachtruhe beschließt.

Manche Orden sehen mitten in der Nacht noch nächtliche Gebete, die Nokturn, vor. Kein Prior oder Abt wird es jedoch einem Gast verübeln, wenn er darauf verzichtet. Eine einmalige Erfahrung kann es dennoch sein, wenigstens einmal 24 Stunden lang den kompletten Rhythmus mönchischer Tagewerke zu erleben.

Dass einige Orden das Angebot von Kloster auf Zeit gezielt als Möglichkeit der Bekehrung verstehen, liegt in ihrer Natur, sollte aber niemanden davon fernhalten, der zunächst einmal weder gottgläubig noch gottsuchend ist. Hier könnten einige Klöster mehr auf die Wirkung ihrer Gemeinschaft und ihres Lebens vertrauen als ausdrücklich die Gottessuche sozusagen zum Ziel des Klosters auf Zeit zu propagieren.

Wie weit diese Offenheit der Klöster besteht, kann verallgemeinernd nicht gesagt werden. Das hängt von jedem einzelnen

Haus ab, aber auch vom Zuspruch. Die meisten Klöster nehmen jedenfalls während des ganzen Jahres Gäste nach Vereinbarung auf. Bei einigen reicht ein Anruf, bei anderen muss eine schriftliche Bitte an sie herangetragen werden. Das gilt vor allem bei vielen ausländischen Klöstern, wie etwa in Frankreich, wo ein sehr breites Angebot besteht und die Klöster sich schon deshalb eine Vorauswahl sichern wollen.

Grundsätzlich sind auch die Zeiten des Aufenthaltes sehr variabel. Das gilt jedenfalls für alle Klöster, in denen kein besonderes Programm erstellt wird (wie etwa Niederaltaich) und damit höhere Anforderungen gestellt, aber auch größere Bedürfnisse und Erwartungen befriedigt werden. In Niederaltaich sind zwei Wochen für den ersten Besuch und eine Woche für Wiederholungen üblich. Diese werden dann auch nur zu festgelegten Terminen wenige Male im Jahr angeboten. Die Mehrzahl der Klöster, vor allem jene, die einen Teil ihrer Anlagen als Gästehäuser hergerichtet haben, nehmen Buchungen von einzelnen Tagen, ein verlängertes Wochenende bis hin zu zweiwöchigen Einkehrzeiten an.

Bewährt hat sich nach den Erfahrungen der Orden der Aufenthalt von mindestens einer Woche für die Klöster, die kein festes Programm vorsehen. Nach Vereinbarung sind aber auch weitaus längere Besuche möglich oder etwa fest programmierte für ein ganz bestimmtes Ziel. So denkt beispielsweise der Deutsche Orden daran, seine Klosterzellen Managern während der Messetage in Frankfurt zu öffnen, damit die gestressten Messebesucher eine wirkliche Alternative zum Messealltag finden.

Bei allen religiösen Gemeinschaften gilt, dass grundsätzlich auch ohne Programm Ordensleute bereit sind zum persönlichen Gespräch. Natürlich hängen diese Möglichkeiten nicht nur von der Offenheit der Mönche oder Nonnen ab, sondern auch von den Prägungen der einzelnen Orden. Bevor also der Interessent ein Kloster nach geographischen Bedingungen, Programminhalten oder Aufenthaltsdauer auswählt, sollte er sich wenigstens kurz über den gastgebenden Orden unterrichten. Dessen Tradition wirkt sich in jedem Fall auch auf den Gast und seinen Aufenthalt aus. So herrscht in einem weltoffenen Kloster etwa der Benediktiner, die beispielsweise als Kulturträger von der Alphabetisierung bis zum Bierbrauen und Weinbau Europa mitgeprägt haben, ein anderes Klima als hinter den Mauern eines kontemplativen Ordens. Die Vielzahl der in fast 2000 Jahren Kirchengeschichte entstandenen Gemeinschaften ist auch beim Kloster auf Zeit zu erfahren.

Seit dem Erscheinen der ersten Ausgabe dieses Klosterurlaubsführers hat sich die Klosterlandschaft in einem Punkt wesentlich verändert: Die überraschend starke Nachfrage nach der Reise in die Klosterstille hat in vielen Ordenshäusern die Bedenken vor dem Eindringen des weltlichen Tourismus weggefegt. Wo bei ersten Recherchen mehr Vorbehalte geäußert und kritische Distanz gewahrt worden ist, erwarten den Interessierten heute allenfalls Rückfragen, um den Aufenthalt optimal für beide Seiten zu gestalten.

Die positiven Erfahrungen überwiegen, weil entgegen den ursprünglichen Befürchtungen die meisten Menschen den Weg für eine kurze Zeit im Kloster anscheinend mit den richtigen Erwartungen einschlagen. Dazu beigetragen haben Veröffentlichungen in nahezu allen deutschen Zeitungen und Zeitschriften. Sie belegen die Sehnsucht nach dem anderen Urlaub. Eine Marktlücke, würde man im Wirtschaftsleben sagen, war entdeckt.

Eine weitere Voraussetzung war die aktive Mitarbeit der meisten Klöster. Sie öffneten sich demonstrativ. Sie nutzen das Internet und schaffen auf ihren Hompages fast schon virtuelle Gemeinschaften. Das reicht weit über die anfängliche Idee von Kloster auf Zeit hinaus.

Um diese Idee herum haben sich die Klöster als fester Bestandteil der Freizeitmöglichkeiten etabliert. Vor wenigen Jahren scheuten sich noch viele Klosterzeitgäste, selbst im Freundeskreis offen über kurze klösterliche Erfahrungen zu berichten. Im kirchlichen Umfeld Antworten auf Lebensfragen zu suchen, schien verpönt. Heute ist realistisch, was in den 1960er Jahren bei den ersten Versuchen der Benediktiner von Niederaltaich ein ferner Traum schien. Man zieht sich ins Kloster zurück, um über sich und seine Lebensfragen ins Reine zu kommen. Und vor allem: Niemand findet mehr etwas dabei.

Wenn Einkehrzeiten in Klöstern selbstverständlich sind, nehmen die Besucher mehr und mehr nicht nur die spirituellen Chancen wahr. Die Klöster insgesamt wecken Neugier. Was haben wir alle ihnen zu verdanken? Was steckt dahinter? Welchen Einfluss haben sie auf unser Denken, unsere Gesellschaft, unsere Kultur vom Baustil bis zur Erziehung, von der Heimatgeschichte bis zur politischen Landschaft?

In diesen Jahren gibt es genügend Anlass, in den Klöstern nicht nur den Spuren des eigenen Ichs, sondern auch der Geschichte zu folgen. Vor rund 200 Jahren, von 1803 an, wurden in der Säkularisation durch die Enteignung der Klöster, die Verbote von Orden und die fürstliche Neugliederung des deutschen Reiches nach den napoleonischen Kriegen die Grundlagen für die heutige Gestalt Deutschlands, aber auch der Beziehungen zwischen Kirche und Staat gelegt. In den Chroniken der Klöster finden sich zahllose „Geburtsurkunden" von Dörfern und Städten. Die bürgerlichen Gemeinden können dort ihr Entstehen ablesen. Manches Ortsjubiläum wird dort begründet. Heimatgeschichte führt fast unweigerlich ins nächste Kloster. Legenden um Heilige und Sünder, Charaktere und Eigenheiten, um Ortsnamen und seltsame Bezeichnungen klären sich dort auf.

Den Einfluss der Klöster, vor allem der großen Orden, kann der Autoreisende heute erfahren. Mit Unterstützung des Europarates wurde durch Süddeutschland und Nordfrankreich ein Zisterzienserweg markiert, der Perlen wie das ehemalige Kloster Maulbronn bei Pforzheim für den Touristen erschließt.

Bierbrauen und Weinbau wurden von den Klöstern zur

Hochkultur entwickelt. Große Namen der Trinkkultur künden bis heute davon, auch wenn sie gedankenlos verweltlicht gebraucht werden. Ihre klösterlichen Stätten sind Wallfahrtsorte der Genießer.

Ganz aktuell haben einige Ordensobere auch wieder entdeckt, welche Verpflichtungen sie gegenüber Mensch und Natur jenseits der Klostermauern eingegangen sind. Um klösterliche Wirtschaftsbetriebe haben sich in den vergangenen Jahren Bio- oder Ökolandwirtschaften gebildet, die gerade in wirtschaftlich schwachen, abgelegenen Gebieten wie etwa Plankstetten in Bayern zur Referenz neuer wirtschaftlicher Hoffnungen geworden sind.

Das Angebot von Aktivitäten weitet sich aus und fordert geradezu auf, sich vor einem Besuch genau zu informieren. Eine Stippvisite, ein Kurzaufenthalt kann helfen, die Frage zu klären, was man eigentlich bei einem mehrtägigen oder -wöchigen Besuch im Kloster sucht.

Das Angebot quer durch Europa

Adressen von Klöstern und religiösen Häusern sowie
Hinweise

Die Vielfalt der in fast zwei Jahrtausenden Kirchengeschichte
entstandenen Gemeinschaften hat die Zusammenstellung der
im Folgenden aufgeführten Adressen erschwert – vor allem,
wenn es darum ging, die richtigen herauszufinden. In Frankreich sind die meisten Klöster erfasst, da dort systematisch
aktualisierte Klosterführer bereits Tradition haben. Das Angebot einzelner Klöster verändert sich zudem je nach Nachfrage.
Das erklärt auch, warum bei Erscheinen dieses Buches einzelne
Angaben möglicherweise bereits überholt sind. Entsprechende
Hinweise nehmen Verlag oder Autor deshalb gerne entgegen,
um sie bei entsprechendem Umfang in eine spätere Ausgabe ein-
zuarbeiten.

Dasselbe gilt auch für Angaben zum Angebot der Klöster.

Verlag Herder
Lektorat HERDER Spektrum
Hermann-Herder-Str. 4
79104 Freiburg
mail: Hanspeter@oschwald-online.de

Die Adressen sind nach Postleitzahlen geordnet. Wo dies nicht möglich war, wurde alphabetisch nach Ortsnamen geordnet. Nicht eingeschlossen sind Klöster, die auf persönliche Anfrage bereit sind, Gäste quasi als Privatinitiative aufzunehmen. Nur noch von wenigen Klöstern erhielten wir die Auskunft, dass sie zur Zeit noch nicht an ein Programm in der Art von Kloster auf Zeit denken. Meist sind es heute technische oder personelle Gründe, die sie zögern lassen, Gäste auf Zeit aufzunehmen. Am verbreitetsten sind die Initiativen bei den Benediktinern zu beobachten, weil der Orden seit seiner Gründung das Gastrecht besonders gepflegt hat nach dem Leitmotiv des Heiligen Benedikt, in jedem Gast Christus zu sehen. Obwohl ihre strenge Klausur eigentlich eher gegen die Aufnahme von Gästen spricht, scheinen die kontemplativen Orden an zweiter Stelle das Bedürfnis der modernen Menschen nach Rückzugsmöglichkeiten in die völlige Stille zu akzeptieren.

Deutschland

Klosterstift St. Marienstern
Cisinskistraße 35
01920 Panschwitz-Kuckau
Tel./Fax 035796/99444

Tage der Stille, Teilnahme am Stundengebet, Einzelgespräche möglich, ebenso Arbeit mit Gruppen. Im Kloserladen gibt es Klosterbier und -likör.

Klosterstift St. Marienthal
Gästepforte
St. Marienthal 1
02899 Ostritz
Tel. 035823/773-00 bzw. Pforte: -85
Fax 035823/77-301
mail: kloster-marienthal@t-online.de oder
st.vogt@kloster-marienthal.de
http://www.kloster-marienthal.de

*Zisterzienserinnenabtei. Das Begegnungszentrum bietet Übernachtungs—
möglichkeit in Einzel- und Doppelzimmern sowie die Möglichkeit zu
Besinnung und Meditation in der Klosterkirche. Im Klosterladen gibt es
u. a. Brot und Gemüse.*

Dominikanerkonvent St. Albert
Georg-Schumann-Str. 336
04159 Leipzig
Tel. 0341/46766-0
Fax 0341/46766-11
mail: StAlbertLpz@aol.com
http://www.dominikaner-studentat.de

Kloster auf Zeit, Exerzitien, Einkehrtage.

Kloster St. Marien zu Helfta
Lindenstr. 36
06295 Eisleben
Tel. 03475/711500 (Zentrale)
Fax 03475/711555
mail: pforte@kloster-helfta.de
http://www.kloster-helfta.de

*Seminare und Einzelexerzitien, Tage der Stille, Kloster auf Zeit sowie
„Ora et Labora" (Mitbeten und mitarbeiten im Kloster). Das Kloster
verfügt über ein neues Gästehaus. Klosterladen.*

Karmel St. Teresa

Schützenstr. 12–15

16547 Birkenwerder

Tel. 03303/503419 (Gästehaus)

Fax 03303/402574

mail: kloster@karmel-birkenwerder.de

http://www.karmel-birkenwerder.de

Neugründung 1986, Gästehaus, Exerzitien, Urlaub.

Benediktinerkloster Nütschau

Schlossstr. 30

23843 Travenbrück

Tel. 04531/5004-0

Fax 04531/5004-122

mail: priorat@kloster-nuetschau.de

oder: kr.josef@kloster-nuetschau.de

http://www.kloster-nuetschau.de

Im Haus St. Ansgar und Jugendhaus St. Benedikt Einkehrtage.
Klosterladen

Kloster Marienfeld

Klosterhof 13

33428 Marienfeld

Tel. 05247/927960

http://www.kloster-marienfeld.de

Stundengebet in der Abteikirche, Klosterladen.

Mutterhaus der Barmherzigen Schwestern vom hl. Vinzenz von Paul

Kanalstr. 22

36037 Fulda

Tel. 0661/285-0

Fax 0661/285-201

mail: info@mutterhaus-fd.de

Mitfeier der Messen.

St. Bonifatiuskloster Oblaten der Makellosen Jungfrau Maria

Klosterstr. 5

36088 Hünfeld

Tel. 06652/94-0

Fax 06652/94-538

mail: bonifatiuskloster@oblaten.de

http://www.bonifatiuskloster.de

Vor allem Aufenthaltsangebote für Gruppen.

Redemptoristenkloster St. Klemens

Auf der Rinne 17

37308 Heilbad Heiligenstadt

Tel. 03606/6080-30

Tagesaufenthalt.

Kloster Buchhagen

Deutsches orthodoxes Dreifaltigkeitskloster

37619 Bodenwerder-Buchhagen/Weserbergland

Tel. 05533/999 369

www.orthodox.de

Öffentliche Gottesdienste, Kloster auf Zeit, Praktikum im Kloster, Klosterjahr, Klosterladen.

Benediktinerkloster Huysburg

Huysburg 2

38838 Huy OT Dingelstedt

Tel. 039425/961-0

Fax 039425/961-98

mail: mail@huysburg.de

http://www.huysburg.de

Tage der Einkehr.

Kloster Knechtsteden der Spiritaner

41540 Dormagen

Tel. 02133/8690

mail: provinz@spiritaner.de

http://www.spiritaner.de

Missionshaus mit Kursen.

Zisterzienserkloster Bochum-Stiepel

Am Varenholt 9

44797 Bochum-Stiepel

Tel. 0234/77705-0

Fax 0234/77705-18

http://www.kloster-stiepel.org

Einkehrtage, Kloster auf Zeit, Exerzitien. Klosterladen.

Jugend- (ehem.Klemens-)Kloster Kirchhellen

Hauptstr. 90

46244 Bottrop-Kirchhellen

Tel. 02045/9551-0

Fax 02045/9551-35

mail: jugend-kloster@redemptoristen.de

http://www.jugend-kloster.de

Das Kloster besteht seit 1946. Als Gäste werden nach vorheriger Vereinbarung Frauen und Männer zwischen 16 und 30 Jahren aufgenommen. Die Unterbringung erfolgt im Gästebereich; die Mitarbeit der Gäste ist erwünscht. Jährlich stattfindende Ora-et-Labora-Kurse für Jugendliche. Seit 1995 gibt es das Projekt der „Integrierten Kommunität", das jungen Erwachsenen die Möglichkeit bietet, ein Jahr lang im Kloster mitzuleben und zu arbeiten.

Oblatenkloster Mariengarden Burlo
Gästehaus
Vennweg 6
46325 Borken-Burlo
Tel. 02862/302-0
Fax 02862/302-18
mail: mariengarden@oblaten.de
http://www.mariengarden.de

Früheres Internat wird als Gästetrakt genutzt.

Karmeliterkloster Marienthal
An der Klosterkirche 8
46499 Hamminkeln
Tel. 02856/9183-0
Fax 02856/9183-10
mail: info@karmel-marienthal.de
http://www.karmel-marienthal.de

Das Kloster ist bekannt für die zahlreichen Kunstwerke aus der ersten Hälfte des 20. Jahrhunderts, die auf Anregung des damaligen Pfarrers zunächst für die Klosterkirche geschaffen wurden. Es nimmt nach vorheriger Vereinbarung Frauen und Männer als Gäste auf; die Unterbringung erfolgt im Kloster-/Klausurbereich. Mitarbeit im Kloster ist möglich. Besucher sind zur Teilnahme an den Messfeiern und am Stundengebet eingeladen.

Prämonstratenserkloster St. Johann
Abtei Hamborn
An der Abtei 4
47166 Duisburg
Tel. 0203/57890-0
Fax 0203/57890-111
mail: info@abtei-hamborn.de
http://www.abtei-hamborn.de

Mitleben nach Einzelabsprache möglich.

Kloster Kamp

Geistliches und Kulturelles Zentrum

Abteiplatz 13

47475 Kamp-Lintfort

Tel. 02842/927540

Fax 02842/927541

www.zentrum-kloster-kamp.de

Meditationskurse, Besinnungstage, Vorträge, Ordensmuseum, Klosterladen.

Franziskanerkloster Bardel

Klosterstr. 11

48455 Bad Bentheim

Tel. 05924/7872-0

Fax 05924/7872-50

http://www.bardel.de/Kloster

Kloster auf Zeit für männliche Jugendliche (ab 18) und jüngere Erwachsene für mindestens sechs Wochen. Die Unterbringung erfolgt im Klosterbereich; es besteht die Möglichkeit zur persönlichen Begleitung; Mitarbeit ist möglich.

Benediktinerabtei Gerleve

Gerleve 1

48727 Billerbeck

Tel. 02541/800-0

Fax 02541/800-233

http://www.abtei-gerleve.de

Einige Plätze im Kloster, daneben Gäste- und Exerzitienhaus.

Karmel Maria vom Frieden

Vor den Seibenburgen 6

50676 Köln

Tel. 0221/311637

Fax 0221/3100295

mail: kloster@karmelitinnen-koeln.de

http://www.karmelitinnen-koeln.de

Teilnahme an Gottesdiensten und Stundengebet, Klosterladen.

Benediktinerabtei Kornelimünster

Oberforstbacher Str. 71

52076 Aachen

Tel. 02408/3055

Fax 02408/3056

mail: Benediktiner@abtei-kornelimuenster.de

http://www.abtei-kornelimuenster.de

Kein Programm. Über Aufenthalte gibt der Gastpater Auskunft.

Benediktinerabtei Michaelsberg

Bergstraße 26

53721 Siegburg

Tel. 02241/1290

mail: kontakt@abtei-michaelsberg.de

http://www.abtei-michaelsberg.de

Tage im Kloster. Klosterladen.

Missionspriesterseminar Steyler Missionare St. Augustin

Arnold-Janssen-Str. 30

53757 Sankt Augustin

Tel. 02241/237201

Fax 02241/28450

mail: pforte.augustin@steyler.de

http://www.steyler.de

Meditationskurse, Seminare für Ehepaare, Exerzitien für Einzelne und Gruppen. Einblicke in Missionsarbeit.

Salvatorianerkloster und Hermann-Josef-Kolleg Steinfeld

Hermann-Josef-Str. 4

53925 Kall-Steinfeld

Tel. 02441/8890

Fax 02441/88928

mail: sds@kloster-steinfeld.de

http://www.kloster-steinfeld.de

Gästehaus für Erholungssuchende.

Benediktinerabtei St. Matthias

Matthiasstr. 85

54290 Trier

Tel. 0651/1709-0

Fax 0651/1709-243

mail: Benediktiner@AbteiStMatthias.de,

Gaesteempfang@AbteiStMatthias.de

http://www.abteistmatthias.de

Männer und Frauen als Gäste zum Mitleben sowie Exerzitien.

Karmelitenkloster Springiersbach

Karmelitenstr. 2

54538 Bengel

Tel. 06532/93950

Fax 06532/939580

mail: thvreeswijk@t-online.de (Karmelitenkonvent),

exerzitienhaus.springiersbach@karmelitenorden.de (Exerzitienhaus)

http://www.karmelitenorden.de/klosterspringiersbach.html

Tage der Stille und Besinnung, Gruppenexerzitien. Mitleben im Kloster und geistliche Einzelbegleitung sind möglich. Klosterladen.

Zisterzienserabtei Himmerod

Himmerod 3

54534 Großlittgen

Tel. 06575/9513-12

Fax 06575/9513-20

mail: verwaltung@kloster-himmerod.de

http://www.kloster-himmerod.de

Das Kloster wurde im 12. Jahrhundert gegründet; Reste der ersten romanischen Klosteranlage sind erhalten. Als Gäste werden nach vorheriger Vereinbarung Frauen und Männer, Familien und Gruppen aufgenommen. Unterbringung im Gästebereich und im Klausurbereich. Jugendexerzitien. Die Mitarbeit im Kloster ist möglich. Klosterladen.

Mutterhaus der Kreuzschwestern
St. Hildegardishaus

Rochusberg 1

55411 Bingen

Tel. 06721/928-0

Fax 06721/928-159

mail: prov.verw.bingen-rochusberg@t-online.de

Die Kreuzschwestern unterhalten mehrere Gästehäuser. Das Hildegard-Forum bietet Vorträge, Gesprächskreise, Meditationen. Klosterladen.

Missionsbenediktiner Kloster Jakobsberg

55437 Ockenheim

Tel. 06725/304-0

Fax 06725/304-100

http://www.klosterjakobsberg.de

Kloster auf Zeit für Jugendliche.

Kloster Bethlehem der Klarissen-Kapuzinerinnen
von der Ewigen Anbetung

Hermannstr. 29

56076 Koblenz-Pfaffendorf

Tel. 0261/73357

Fax 0261/9730265

mail: kontakt@klosterbethlehem.de

http://www.klosterbethlehem.de

Strenge Klausur, nur Gottesdienstteilnahme.

Kloster Allerheiligenberg der Oblaten der Makellosen
Jungfrau Maria
Scholastikat der Oblaten M. I.
Am Allerheiligenberg 63
56112 Lahnstein
Tel. 02621/7478
Fax 02621/7616
http://www.oblatenstudenten.de

Gottesdienstbesuche.

Oblatenkloster Maria Engelport
Postfach 1 141
56251 Treis-Karden
Tel. 02672/9350
Fax 02672/935400
mail: engelport@oblaten.de
www.kloster-maria-engelport.de

Gäste können Tagungen, Seminare oder Einkehrtage selbst durchführen oder an Exerzitien und Besinnungswochenenden teilnehmen. Auch Einzelgäste sind willkommen und können an den Gebetszeiten und Gottesdiensten teilnehmen. Klosterladen.

Benediktinerabtei Maria Laach
56653 Maria Laach (bei Andernach)
Tel. 02652/59-0
Fax 02652/59-359 (Abtei) bzw. -282 (Gastflügel St. Gilbert)
mail: abtei@maria-laach.de bzw. guests@maria-laach.de
http://www.maria-laach.de

Als Gäste werden Männer, Frauen und Gruppen aufgenommen; die Unterbringung erfolgt sowohl im Kloster- als auch im Gästebereich. Es besteht die Möglichkeit zur persönlichen Begleitung; die Mitarbeit von Gästen ist nicht möglich. Im Bio-Hofladen kann man Produkte vom Bio-Klostergut kaufen.

Kloster Maria Martental

56759 Kaisersesch

Tel. 02653/9890-0

Fax 02653/9890-19

mail: kloster.martental@scj.de

http://www.scj.martental.php

Wallfahrt, Besinnung, Einkehr, Gottesdienste in der Wallfahrtskirche, Klosterladen.

Zisterzienserabtei Marienstatt

Gästehaus Marienstatt

57629 Marienstatt (bei Hachenberg)

Tel. 02662/9535-0

Fax 02662/9535-111 (Abtei) bzw. -222 (Gästehaus)

mail: kontakt@abtei-marienstatt.de

oder: gast@abtei-marienstatt.de

http://www.abtei-marienstatt.de

Als Gäste werden nach vorheriger Vereinbarung Frauen und Männer, Familien mit Kindern und Gruppen aufgenommen. Unterbringung im Gästebereich oder im Kloster-/Klausurbereich. Die Mitarbeit im Kloster ist möglich.

Benediktinerabtei Königsmünster

Gastbruder: Br. Benjamin

Klosterberg 11

59872 Meschede

Briefanschrift:

Postfach 1161

59851 Meschede

Tel. 0291/29950

Fax 0291/2995100

mail: abtei@koenigsmuenster.de

http://www.koenigsmuenster.de

Unterkunft für Männer und Frauen für Exerzitien, Kloster auf Zeit, Ora-et-Labora-Tage. Klosterladen, in dem man u. a. Käse und Brot kaufen kann.

Benediktinerinnenabtei Kloster Engelthal

Diözese Mainz

63674 Altenstadt

Tel. 06047/9636-0 (Abtei) bzw. 06047/98790-305 (Gästehaus)

Fax 06047/68808

mail: gaestehaus@kloster-engelthal.de

http://www.abtei-kloster-engelthal.de

Einzelgäste ganzjährig und Au-pair-Aufenthalte für junge Frauen ab 16 Jahren. Tage der Besinnung.

Franziskanerkloster Marienthal
Wallfahrtskloster Marienthal/Rheingau

65366 Geisenheim

Tel. 06722/9958-0

Fax 06722/9958-13

mail: info@franziskaner-marienthal.de

http://www.franziskaner-marienthal.de

Kloster auf Zeit, geistliche Einzelgespräche.

Benediktinerabtei St. Mauritius

66630 Postfach 1060

66636 Tholey

Tel. 06853/91040

Fax 06853/922670

Klosterunterkunft ohne Programm.

Kloster Oggersheim der Franziskaner-Minoriten

Kapellengasse 10

67071 Ludwigshafen

Tel. 0621/682407

mail: info@franziskaner-minoriten.de

http://www.franziskaner-minoriten.de

Kloster auf Zeit.

Institut St. Dominikus
Vincentiusstr. 4
67346 Speyer
Tel. 06232/912-0
Fax 06232/912-255
mail: info@institut-st-dominikus.de
http://www.institut-st-dominikus.de

Als Gäste werden in der Dominikanerinnengemeinschaft nach vorheriger Vereinbarung Frauen und Männer aufgenommen; die Unterbringung erfolgt im Klosterbereich; es besteht die Möglichkeit zur persönlichen Begleitung. Die Mitarbeit der Gäste ist erwünscht.

nner; geistliche Begleitung und lich. Klosterladen, in dem man u. a.

1.de

18 Jahren; Einkehrtage, andlung.

Benediktinerabtei Grüssau
Kloster Bad Wimpfen

Lindenplatz 7
Postfach 160
74206 Bad Wimpfen
Tel./Fax 07063/970423
Fax 07063/970424
mail: gaestehaus@kloster-bad-wimpfen-de

Mitleben in der Klausur für Männer, Einzelgespräche möglich. Im Gästehaus Unterkunft für Gruppen und Einzelgäste.

Cistercienserinnen-Abtei Lichtenthal

Hauptstr. 40
76534 Baden-Baden
Postadresse:
Postfach 1337, 76502 Baden-Baden
Tel. 07221/504910
Fax 07221/5049153
mail: kontakt@abtei-lichtentahl.de
http://www.abtei-lichtenthal.de

Einkehrtage; Einzelgespräche möglich. Auch Gruppen werden aufgenommen.

Kongregation der Franziskanerinnen Kloster Erlenbad

Erlenbadstr. 75
77880 Sasbach
Tel. 07841/6007-0
Fax 07841/6007-22
mail: info@erlenbad.de
http://www.kloster-erlenbad.de
http://www.erlenbad.de

Kloster auf Zeit (für Frauen mit einem Aufenthalt ab einer Woche), Begegnungstage, Tage privater Einkehr, Exerzitien, Bildungs- und Ferienkurse in mehreren Gästehäusern. Möglichkeit der Teilnahme am Stundengebet und zum begleitenden Gespräch.

Kloster Hegne

Konradistr. 4

78476 Allensbach-Hegne

(bei Konstanz)

Tel. 07533/807-0

Fax 07533/807-123

mail: provinzhaus@kloster-hegne.de

http://www.kloster-hegne.de

Gästehaus für Besinnungstage.

Claretiner-Missionshaus Dreifaltigkeitsberg

Dreifaltigkeitsberg

78549 Spaichingen

Tel. 07424/95835-0, -16 (P. Alois Andelfinger), -12 (P. Hugo Beck)

Fax 07424/95835-29

mail: alois.andelfinger@clarentiner-spaichingen.de

http://www.spaichingen-claretiner.homepage.t-online.de

Exerzitien für Gruppen und Einzelne, Meditationskurse. Geistliche Einzelgespräche möglich.

Kloster Heiligenbronn

78713 Schramberg-Heiligenbronn

Tel. 07422/569402

Fax 07422/569412

mail: info@kloster-heiligenbronn.de

http://www.kloster-heiligenbronn.de

Kursangebot, Familienwochenenden, Klosterladen.

Benediktinerabtei St. Bonifaz

Karlstr. 34

80333 München

Tel. 089/551710

mail: abtei@sankt-bonifaz.de

http://www.sankt-bonifaz.de

Tage der Stille, breites Vortragsangebot.

Kloster Andechs

Bergstr. 2

82346 Andechs

Tel. 08152/376-0 (Pforte), -167 (Fr. Lambert Stangl, Gastpater)

Fax 08152/376-143

mail: info@andechs.de, lambert@andechs.de

http://www.andechs.de

Das 1455 gegründete Kloster, dessen Wurzeln ins 10. Jahrhundert zurückgehen, bietet Seminare für Führungskräfte aller Branchen: Besinnungstage, Führungstraining nach der Benediktsregel, Exerzitien für Manager (letzteres nur für Männer). Im Klosterladen gibt es u. a. Klosterlikör; in der Gastronomie des Klosters Andechser Bier, Klosterkäse u. a.

Kloster der Missions-Dominikanerinnen von Schlehdorf am Kochelsee

Kirchstr. 9

82444 Schlehdorf

Tel. 08851/181-0, -100 (Sr. Margit Bauschke)

Fax 08851/181101

mail: provinz.op.schlehdorf@t-online.de

Meditationskurse, Klosterurlaub, Exerzitien für Einzelne und Gruppen. Klosterladen.

Benediktinerabtei Kloster Ettal

Kaiser-Ludwig-Platz 1

82488 Ettal

Tel. 08822/74-0 (Pforte)

Fax 08822/74-228

http://www.kloster-ettal.de

Das Kloster wurde in Einlösung eines Gelübdes von Kaiser Ludwig dem Bayern 1330 gegründet. Kloster auf Zeit für einige Tage, für eine oder zwei Wochen mit Möglichkeit zur Teilnahme an den Gottesdiensten und zum religiösen Erfahrungsaustausch. Anfragen per Post an Gastpater P. Anselm Stitzinger OSB. Für ausschließlich Erholung Suchende steht das

Hotel „Ludwig der Bayer" zur Verfügung. Im Klosterladen kann man u. a. Liköre kaufen. Klosterbuchhandlung.

Karmelitenkloster Reisach am Inn
Ansprechpartner: P. Dr. Florian Zdzislaw Florek OCD
Klosterweg 20
83080 Oberaudorf
Tel. 08033/3084-0
Fax 08033/3084-11
mail: florian.florek@arcor.de
http://www.kloster-reisach.de

Aufenthalt nach Einzelabsprache.

Kloster Gars am Inn
Kirchplatz 10
83536 Gars am Inn
Tel. 08073/388-0
Fax 08073/388-300
http://www.klostergars.de

Tagesaufenthalte.

Kloster der Salesianerinnen Dietramszell
Klosterplatz 1
83623 Dietramszell
Tel. 08027/801
Fax 08027/830
mail: kloster.dietramszell@t-online.de
http://www.kloster-dietramszell.de

Schweigeexerzitien, Tage der inneren Einkehr, Zen-Meditation. Übernachtung im Kloster nicht möglich.

Kloster Benediktbeuern
Gästehaus der Salesianer Don Boscos

Don-Bosco-Str. 1

83671 Benediktbeuern

Tel. 08857/88-195

Fax 08857/88-139

mail: gaestehaus@kloster-benediktbeuern.de

http://www.kloster-benediktbeuern.de

Gäste können an den Gebets- und Gottesdienstzeiten der Ordensgemeinschaft teilnehmen; daneben besteht die Möglichkeit zur persönlichen Begleitung.

Kloster zum Mitleben
Franziskanerkloster

Franziskanerplatz 1

84307 Eggenfelden

Tel. 08721/9659-0 oder -11

Fax 08721/9659-16

mail: eggenfelden@franziskaner.de

http://www.franziskaner-eggenfelden.de

Franziskaner des Klosters Eggenfelden bieten Männern und Gruppen die Möglichkeit zum Mitleben für Tage oder Wochen. Mitarbeit ist erwünscht. Weitere Angebote: „Sonntag im Kloster" für Männer und Frauen. Zen-Meditationswochenenden sowie eintägige Einführungen in Zen, Yoga und Meditativen Tanz.

Kloster Karmel Heilig Blut

Alte Römerstr. 91

85221 Dachau

Tel. 08131/21068

Fax 08131/52489

Das Kloster liegt direkt neben dem Gelände der KZ-Gedenkstätte. Räumlichkeiten für Einkehrzeiten/Exerzitien stehen nach Anmeldung zur Verfügung. Teilnahme am Gottesdienst möglich. Klosterladen.

Benediktinerabtei zum Hl. Kreuz

Schyrenplatz 1

85298 Scheyern(bei Pfaffenhofen)

Tel. 08441/752-0 (Pforte)

Fax 08441/752-210

mail: info@kloster-scheyern.de

http://www.kloster-scheyern.de

Kloster auf Zeit.

Zisterzienserinnenabtei Oberschönenfeld

86459 Gessertshausen

Tel. 08238/9625-0

Fax 08238/60065

mail: abtei@abtei-oberschoenenfeld.de

http://www.abtei-oberschoenenfeld.de

Einkehrtage für kleine Gruppen.

Erzabtei St. Ottilien der Missionsbenediktiner

86941 St. Ottilien/Oberbayern

Tel. 08193/710

Fax 08193/71332

mail: ottilien@t-online.de

http://www.ottilien.org

Exerzitien, Unterkunft in Klostergasthof. Klosterladen.

Crescentiakloster

Obstmarkt 5

87600 Kaufbeuren

Tel. 08341/9070

Fax 08341/907102

mail: crescentiakloster@web.de

http://www.crescentiakloster.de

Besinnngstage bei Franziskanerinnen. Klosterladen.

Benediktinerabtei Ottobeuren

Sebastian-Kneipp-Str. 1

87724 Ottobeuren

Tel. 08332/798-0

Fax 08332/798-125

mail: bildungshaus@abtei-ottobeuren.de,

webmaster@abtei-ottobeuren.de

http://www.abtei-ottobeuren.de

Kloster auf Zeit. Klosterladen.

Benediktinerabtei St. Martinus

Kirchplatz 3

88250 Weingarten

Postanschrift:

Postfach 1361

88242 Weingarten

Tel. 0751/5096-0

Fax 0751/5096-201

mail: info@kloster-weingarten.de

http://www.kloster-weingarten.de

Teilnahme am Leben der Mönche.

Benediktinerabtei St. Martin

Abteistr. 2

88631 Beuron (Oberes Donautal)

Tel. 07466/17-0

Fax 07466/17-107

mail: verwaltung@erzabtei-beuron.de

http://www.erzabtei-beuron.de

Klostergasthaus für Männer, darüber hinaus mehrere Unterkunftsmöglichkeiten in Klosternachbarschaft, Exerzitien für Einzelgäste. Der Klosterladen bietet u. a. Kräuterprodukte und Brot an.

Prämonstratenser-Kloster Roggenburg

Klosterstr. 5

89297 Roggenburg

Tel. 07300/9600-0

Fax 07300/9600-933

mail: konvent@kloster-roggenburg.de

http://www.kloster-roggenburg.de

Bildungszentrum, Klostermuseum, Klosterladen.

Mutterhaus der Barmherzigen Schwestern vom heiligen Vinzenz von Paul (Vinzentinerinnen)

Generalat

Margarita-Linder-Str. 8

89617 Untermarchtal

Tel. 07393/30-0

Fax 07393/30-269

mail: generaloberin@aol.com

http://www.untermarchtal.de

Bildungshaus mit breitem Angebot, Besinnungstage. Mitleben nach Einzelabsprache möglich. Klosterladen.

Kloster Schwarzenberg der Franziskaner Minoriten
Bildungshaus Kloster Schwarzenberg

Klosterdorf 1

91443 Scheinfeld

Tel. 09162/92889-0

Fax 09162/448

mail: info@kloster-schwarzenberg.de

http://www.kloster-schwarzenberg.de

Großes Bettenangebot für Einzelne und Gruppen für Besinnungstage. Kloster auf Zeit. Exerzitien für Einzelne und Gruppen.

Benediktinerabtei Plankstetten

Klosterplatz 1

92334 Berching

Tel. 08462/206-0

Fax 08462/206-121

mail: gaestehaus@kloster-plankstetten.de

http://www.kloster-plankstetten.de

Im Gästehaus mit eigenem Kursangebot werden Einzelgäste aufgenommen; es steht aber auch Gruppen für Tagungen offen. Gäste sind eingeladen zur Teilnahme am Leben der Gemeinschaft, vor allem an der Feier des Chorgebets und des Konventamtes. Kloster auf Zeit für Männer. Mithilfe in einem Arbeitsbereich des Klosters an einem Vormittag wird erwartet. Das Klostergut wird ökologisch bewirtschaftet; im Klosterladen sind Bio-Produkte aus Bäckerei, Metzgerei und Landwirtschaft erhältlich.

Franziskanerkloster Dietfurt
Kloster und Meditationshaus im Altmühltal

Klostergasse 8

92345 Dietfurt (Oberpfalz)

Tel. 08464/6520

Fax 08464/652-22

mail: dietfurt@franziskaner.de

http://www.meditationshaus-dietfurt.de

Meditationskurse.

Arme Franziskanrinnen von Mallersdorf

Haus Werdenfels

Waldweg 15

93152 Nittendorf

Tel 0904/9502-13

Fax 0904/8023

mail: Buero@Haus-Werdenfels.de

http://www.Haus-Werdenfels.de

Im Haus Werdenfels werden in den „Werdenfelser Seminaren" kirchlicheMit-arbeiterInnen weitergebildet. Daneben finden allgemein Interessierteb geistliche Kurse, wie etwa Besinnungstage, Einzelexerzitien,Fastenkurse und Meditastions-wochenenden. Auch Einzelgäste sind willkommen. Klosterbuchladen.

Benediktinerabtei Weltenburg
Begegnungsstätte St. Georg
Asamstr. 32
93309 Kelheim/Donau
Tel. 09441/204-0 oder 204-136
Fax 09441/204-137
mail: geastehaus@kloster-weltenburg.de
http://www.urbanplus.com/weltenburg/gaestebetrieb.html

Das Kloster Weltenburg, am Eingang des romantischen Donaudurchbruchs gelegen, wurde um das Jahr 600 gegründet und ist somit die älteste klösterliche Niederlassung Bayerns. Als Gäste werden Frauen und Männer, Familien mit Kindern sowie Gruppen aufgenommen. Die Teilnahme an den Gottesdiensten sowie am Stundengebet ist möglich; es besteht auch die Möglichkeit zur persönlichen Begleitung sowie zur Mitarbeit im Kloster. Im Klosterladen gibt es Klosterbiere und -liköre. Klosterbuchhandlung.

Benediktinerabtei Braunau zu Rohr
Abt-Dominik-Prokop-Platz 1
93352 Rohr
Tel. 08783/9600-0
Fax 08783/9600-22
mail: kontakt@kloster-rohr.de
http://www.kloster-rohr.de

Einzelpersonen können am Klosterleben teilnehmen.

Zisterzienserinnenabtei St. Josef
Äbtissin M. Mechthild Bernart OCist
Abteistr. 1
94136 Thyrnau
Tel. 08501/93909-0
Fax 08501/1326
mail: info@kloster-thyrnau.de
http://www.kloster-thyrnau.de

Klosterurlaub; geistliche Begleitung möglich, darüber hinaus Au-pair-Aufenthalte nach Einzelabsprache.

Prämonstratenser-Abtei Windberg

Pfarrplatz 22

94336 Windberg

Tel. 09422/824-0

Fax 09422/824-123

mail: ruf@kloster-windberg.de

http://www.praemonstratenserabtei-windberg.de

Jugendhaus, im Kloster selbst Teilnahme am Mönchsleben auf Zeit.

Benediktinerabtei Schweiklberg

Schweiklberg 1/Postfach 240

94474 Vilshofen

Tel. 08541/209-0 bzw. 174 (Gastpater P. Matthäus Kroiss OSB)

sowie -210 (Gästehaus St. Beda)

Fax 08541/209-174 oder -210 (Gästehaus St. Beda)

mail: webmaster@schweiklberg.de, p.matthaeus@schweiklberg.de,

prior@schweiklberg.de (Gästehaus)

http://www.schweiklberg.de

Tage im Kloster, Klosterladen.

Abtei Niederaltaich

Mauritiushof 1

94557 Niederaltaich

Tel. 09901/208-0

Fax 09901/208-141

Gästehaus: Haus St. Pirmin der Abtei Niederaltaich

Tel: 09901/208-6

Fax 09901/208-250

mail: abtei@abtei-niederaltaich.de,

bzw. st.primin@abtei-niederaltaich.de

http://www.abtei-niederaltaich.de

Kloster auf Zeit, Exerzitien für Einzelne und Gruppen, Meditationskurse, ökumenische Einkehrzeiten. Klosterladen.

Missionsbrüder des heiligen Franziskus
Missionshaus Bug
Schlossstr. 30
96049 Bamberg
Tel. 0951/56214
Fax 0951/55245
mail: bug.cmsf@t-online.de
http://www.cmsf.de

Einfache Zimmer, Mitleben jederzeit möglich.

Mutterhaus der St.-Franziskus-Schwestern von Vierzehnheiligen
Vierzehnheiligen 8
96231 Staffelstein
Tel. 09571/9560-0
Fax 09571/9560-160
mail: info@franziskusschwestern-vierzehnheiligen.de
http://www.franziskusschwestern-vierzehnheiligen.de

Kloster auf Zeit nach Vereinbarung; Mitarbeit nach Absprache möglich. Besinnungswochenenden, Stille-Tage.

Abtei Münsterschwarzach
Schweinfurter Str. 40
97359 Münsterschwarzach
Tel. 09324/20-0
Fax 09324/20-203
http://www.abtei-muensterschwarzach.de

Die Benediktinerabtei bietet Kloster auf Zeit zu bestimmten Terminen sowie ein ganzjähriges Kurs- und Exerzitienprogramm. Als Gäste werden Männer, Frauen und Gruppen aufgenommen. Die Unterbringung erfolgt im Gästehaus; die Mitarbeit im Kloster ist möglich. Für Jugendliche ab 16 Jahren, jung Erwachsene und junge Familien gibt es Jugendkurse, u. a. an Silvester, Ostern und Pfingsten sowie zu bestimmten Terminen Kloster auf Zeit. Im Klosterladen gibt es Produkte aus der Bäckerei und Metzgerei des Klosters.

Kloster Kreuzberg/Rhön
Wallfahrt zum Heiligen Kreuz
97653 Bischofsheim/Rhön
Tel 09772/91240
Fax 09772/8510
http://www.kreuzbergbier.de

Klosterladen.

Evangelische Gemeinschaften

Die folgenden evangelischen Kommunitäten, Bruderschaften und Schwesternschaften sind bereit, Menschen, die Erfahrungen mit dem verbindlichen Leben in einer geistlichen Gemeinschaft machen möchten, auf Zeit aufzunehmen. Die einzelnen Kommunitäten sind verschieden groß und verschieden geprägt; die Anzahl der Gäste, die sie aufnehmen können, ist in allen Fällen begrenzt. Deshalb ist es erforderlich, sich in einem persönlichen Brief an eine der hier genannten Bruder- oder Schwesternschaften zu wenden, die eigene Motivation zu erläutern und anzufragen, ob sich eine gastweise Aufnahme für einen gewünschten Zeitraum ermöglichen lässt.

Haus der Stille
Am oberen Bach 6
01723 Grumbach
Tel. 035204/48612
Fax 035204/39666
mail: grumbach@haus-der-stille.net
http://www.haus-der-stille.net

Tage der Stille, Schweige-Retreats, Einzelbegleitung möglich.

Pfarrhaus Schlöben

Ordo-Pacis-Schwestern

Ortsstr.6

07646 Schlöben

Tel. 036428/49165

Werk- und Studienzentrum Hennersdorf

Bahnhofstr. 16–18

09573 Augustusburg-Hennersdorf

Tel. 037291/2525

Fax 037291/2550

mail: info@werk-und-studienzentrum.de

http://www.werk-und-studienzentrum.de

Haus der Stille

Am Kleinen Wannsee 9

14109 Berlin

Tel./Fax 030/8053064

mail: sekretariat@haus-der-stille.de

http://www.haus-der-stille.de

Meditation, Heilfasten, Einführung in Kontemplation und Zen-Meditation, Tage der Stille für Einzelgäste.

Missionshaus Malche e.V.

Kirchliche-Theologische Fachschule und Schwesternschaft

Malche 1

16259 Bad Freienwalde

Tel. 03344/4297-0

Fax 03344/429711

mail: info@malche.de

http://www.malche.net

Teilnahme am Unterricht und Mitarbeit im praktischen Bereich möglich.

Evangelische Schwesternschaft Ordo Pacis e.V.

An den Ziegelteichen 5

21217 Seevetal

Tel. 04105/40453

mail: info@ordo-pacis.de

http://www.ordo-pacis.de

Ev.-Luth. Tagungsstätte
Ansverus-Haus

Vor den Hegen 20

21521 Aumühle

Tel. 04104/97061-0 (Mo.–Fr. 9.00–12.00 Uhr, Do. 16.00–18.00 Uhr)

Fax 04104/970630

mail: service@ansverus-haus.de

http://www.ansverus-haus.de

Gäste sind willkommen zu Stillen Tagen, d. h. eintägigen Aufenthalten mit Programm, zu denen auch bereits am Vorabend angereist werden kann. Daneben gibt es im Sommer dreitägige Schweige-Retraites mit Körperübungen, Stundengebet und abendlicher Eucharistiefeier und achttägige Einzelexerzitien.

Communität Koinonia
Einkehr- und Gästehaus Hermannsburg

Trift 9–11

29320 Hermannsburg

Tel. 05052/3273

http://www.koinonia-online.de

Diakonische Schwesternschaft Wolmirstedt
Kommunität Kloster Barsinghausen

Bergamtstr. 8

30890 Barsinghausen

Tel./Fax 05105/61938

http://www.ekd.de/glauben/kloster.html

Communität Christusbruderschaft
Kloster Wülfinghausen
Visdpr.: Schwester Susanne Schmitt

31832 Springe

Tel. 05044/8816-0 (i. d. R. Di.–Fr. 9.00–11.00 Uhr)

Fax 05044/8816-79

mail: info@kloster-wuelfinghausen.de

http://www.kloster-wuelfinghausen.de

Christliches Zentrum Kloster Bursfelde
Klosterhof 5

34346 Hannoversch Münden-Bursfelde

Tel. 05544/1688

Fax 05544/1758

mail: info@kloster-bursfelde.de

http://www.kloster-bursfelde.de

Tage der Stille, Einkehrtage, Meditationskurse.

Diakonissen-Kommunität „Zionsberg" e.V.
Auf der Platte 53

34414 Warburg-Scherfede

Tel. 05642/5333

Fax 05642/948117

mail: info@zionsberg.de

http://www.zionsberg.de

Möglichkeit zu Einzel- und Gruppenretreats.

Laurentiuskonvent e.V.
Hausgemeinschaft Diemelstraße
Laurentiushof

Diemelstr. 3

34474 Wethen

Tel. 05694/1566

mail: Diemelstrasse@laurentiuskonvent.de

http://www.laurentiuskonvent.de

Communitas ex Christo e.V.
Gut Brünchenhain 2

34632 Jesberg

Tel. 06695/423

Fax 06695/1669

Seelsorgerlich-therapeutischer Urlaub.

Diakonissen-Mutterhaus Hebron
im Deutschen Gemeinschafts-Diakonieverband e.V. (DGD)
Hebronberg 1

35041 Marburg/Lahn

Tel. 0642/805-0

Fax 06421/805-407

mail: info@hebron.dgd.org

Laurentiuskonvent e.V.
Gruppe Laufdorf
Ringstr. 21

35641 Schöffengrund-Laufdorf

Tel. 06445/7811

mail: laufdorf@laurentiuskonvent.de

http://www.laurentiuskonvent.de/laufdorf.html

Haus der Stille
Waldhof Elgershausen
35753 Greifenstein

Tel. 06449/6798

Fax 06449/6797

mail: info@hausderstille.net

http://www.hausderstille.net

*Einkehrtage, Meditationsarbeit, Stille-Wochenenden; für Einzelgäste
Mitleben über längere Zeit möglich.*

Hans-Asmussen-Haus der St. Jakobus Bruderschaft

Gichenbacher Str. 9

36129 Gersfeld-Dalherda

Tel. 06656/503384 (Gästetelefon)

Postanschrift (Belegung, Buchung, Info):

Hans-Asmussen-Haus

c/o Jürgen Brehl

Langenbrückenstr. 26

36037 Fulda

Tel. 0661/2504989 (Büro)

Fax 0661/2506921

mail: hans-asmussen-haus@web.de

http://www.dalherda.de

Gruppenexerzitien. Die Bruderschaft ist ökumenisch ausgerichtet. Geistliche Einzelgespräche möglich.

Communität und Geschwisterschaft Koinonia

Bürgerstr. 24

37073 Göttingen

Tel. 0551/7701368

http://www.koinonia-online.de

Kommunität „Steh auf!"

Schwalbenweg 8

38372 Büddenstedt

Tel. 05352/906060

Fax 05352/906061

Gethsemanekloster

Gut Riechenberg 1

38644 Goslar

Tel. 05321/ 21712 (Di.–Fr. 9.00–11.30 Uhr)

Fax 05321/1683

http://www.gethsemanekloster.de

Kloster auf Zeit für Einzelgäste und Gruppen. Für Einzelgäste stehen kleine „Einsiedeleien" mit Küche in den Schweigebereichen der Klausur oder des Einkehrhauses bereit. Vorräte zur Selbstversorgung sind im

Haus vorhanden. Gruppenteilnehmer werden in den Einzelzimmern untergebracht, die sich ebenfalls im Schweigebereich befinden. Gäste nehmen an den Tagzeitengebeten teil; es besteht die Möglichkeit zum geistlichen Gespräch. Für Jugendliche und Jugendgruppen gibt es zwei Jugendhäuser und die Möglichkeit zur Halbtagsarbeit. Das Veranstaltungsangebot des Klosters umfasst Einkehrtage, Stille Tage und Schweige-Wochenenden.

Evangelisches Zentrum Kloster Drübeck
Haus der Stille
Klostergarten 6
38871 Drübeck
Tel. 039452/943-30 (Rezeption/Empfang)
Fax 039452/943-31
mail: reservierung@kloster-druebeck.de
http://www.kloster.druebeck.de

Tage des Schweigens, Einkehrtage; Einzelgespräche möglich.

Seelsorge- und Tagungsstätte in der Evangelischen Kirche
Geistliche Einkehr- und Begegnungsstätte
Lebenszentrum der Schniewind-Haus-Schwesternschaft
Hausanschrift:
Calbesche Straße 38
39218 Schönebeck
Postanschrift:
Postfach 1132
39207 Schönebeck
Tel. 03928/781-0
Fax 03928/781-106
mail: anmeldung@schniewind-haus.de, info@schniewind-haus.de
http://www.schniewind-haus.de

Einkehrhaus, Kloster auf Zeit für Einzelgäste und Gruppen.

Haus der Stille

Melsbacher Hohl 5
56579 Rengsdorf
Tel. 02634/920510
Fax 02634/920517
mail: anmeldung.hds@ekir.de
http://www.ekir.de/haus-der-stille

Meditation und Stille Tage, Einzelbegleitung und Gruppenseelsorge.
Mitarbeit in Haus und Garten ist möglich.

Evangelische Marienschwesternschaft

Postfach 13 01 29
64241 Darmstadt
Heidelberger Landstraße 107
64297 Darmstadt (Eberstadt)
Tel. 06151/5392-0
Fax 06151/539257
mail: info@kanaan.org
http://www.kanaan.org

Auf Kanaan leben und arbeiten Marienschwestern und Kanaan-
Franziskusbrüder. Gäste sind willkommen zu Anbetungsfeiern,
Tagesbesuchen, zum Stundengebet und zu Kurzrüstzeiten. Darüber
hinaus besteht auf Anfrage die Möglichkeit, eine längere Zeit auf Kanaan
mitzuleben und mitzuarbeiten. Anfragen sollten mit dem Vermerk
„Kanaanteam" erfolgen.

Offensive Junger Christen OJC e.V.

Helene-Göttmann-Str. 22
64385 Reichelsheim
Tel. 06164/93090
Fax 06164/930930
mail: reichenberg@ojc.de
http://www.ojc.de

Jesus-Bruderschaft Kommunität Gnadenthal

Gästepforte

65597 Hünfelden

Tel. 06438/81-200

Fax 06438/81-377

mail: pforte@jesus-bruderschaft.de

Mitleben: info@jesus-bruderschaft.de

http://www.jesus-bruderschaft.de

Stillewochenenden, Männerwochenenden, Bibel-Tage.

Berneuchener Haus Kloster Kirchberg

72172 Sulz/Neckar

Tel. 07454/8830

Fax 07454/883250

mail: empfang@klosterkirchberg.de, belegung@klosterkirchberg.de

http://www.klosterkirchberg.de

Tage der Stille, Stundengebete, geistliche Wochen.

Evangelische Bruderschaft Kecharismai

Schubertstr. 18/20

72581 Dettingen/Erms

Tel. 07123/97860

Fax 07123/87609

Nur für Männer.

Christusträger-Schwestern

Hergershof

74542 Braunsbach

Tel. 07906/8671

Fax 07906/8670

http://www.christustraeger-schwestern.de

Lebenszentrum Adelshofen

Wartbergstr. 13

75031 Eppingen

Tel. 07262/6080

Fax 07262/60850

http://www.lza.de

Nur Freizeiten, Seminare, Jahresteam (Freiwilliges Soziales Jahr).

Kommunität „Steh auf!" e.V.

Römerstraße 8

76307 Karlsbad

Tel. 07202/924-709

Fax 07202/924-193

mail: stehauf@hwa-mail.de

http://www.kommunitaet-stehauf.de

St. Johannis-Konvent v.g.L.

Eschenbach 207

91224 Pommelsbrunn

Tel. 09154/1287

Fax 09154/911-716

mail: info@st-johannis-konvent.de

http://www.st-johannis-konvent.de

Evangelischer Schwesternkonvent
„Lumen Christi"

August-Sieghardt-Str. 6

91327 Gößweinstein

Tel. 09242/9112

Fax 09242/9138

mail: lumenchristi@t-online.de

http://www.forchheim-evangelisch.de/schwesternkonvent.htm

Christusbruderschaft

Krankenhausstr. 26
93167 Falkenstein
Tel. 09462/9400-0
Fax 09462/9400-10
mail: Mutterhaus@f-cb.de
http://www.christusbruderschaft-falkenstien.de

Tage der Stille; Mitleben und -arbeiten möglich.

Communität Christusbruderschaft Selbitz
Ordenshaus

Postadresse:
Postfach 1260
95147 Selbitz
Hausadresse:
Wildenberg 23
95152 Selbitz
Tel. 09280/6850
Fax 09280/6868
mail: selbitz@christusbruderschaft.de
http://www.christusbruderschaft.org

Exerzitien und Retreats, geistliche Begleitung, Vater-Sohn-Wochenenden,
Wochenenden für Jugendliche.

Communität Casteller Ring e.V.
Schloss Schwanberg

Schwanberg 3
97348 Rödelsee
Tel. 09323/32-128
Fax 09323/32-116
mail: schloss@schwanberg.de
http://www.schwanberg.de

Die Frauen der Communität leben nach den drei „Evangelischen Räten"
(Gütergemeinschaft – Ehelosigkeit – Gehorsam) in benediktinischer
Spiritualität. Das Angebot für Gäste umfasst Tage der Besinnung,
Meditations- und Kontemplationskurse, Familien- und Jugendfreizeiten

sowie Einzelexerzitien mit persönlicher Begleitung. Gäste sind auch zum Stundengebet und zu den Gottesdiensten willkommen. Die Unterbringung erfolgt in zwei Gästehäusern. Die Communität verfügt über Stadtstationen in Augsburg, Erfurt, Hildesheim und Nürnberg. Auch hier besteht die Möglichkeit zur Teilnahme am Stundengebet und zur geistlichen Begleitung.

Schwestern-Kommunität Jesu-Weg
Lebenszentrum für die Einheit der Christen
Begegnungsstätte Schloss Craheim
97488 Stadtlauringen, Ortsteil Wetzhausen
Tel. 09724/9100-0
Fax 09724/910055
http://www.craheim.de

Exerzitienkurse; Kinder- und Familienprogramm in einer ökumenisch orientierten Lebensgemeinschaft.

Christusträger Bruderschaft
Kloster Triefenstein am Main
97855 Triefenstein
Tel. 09395/777-110 (Gästebüro)
Fax 09395/777-113
mail: tr-triefenstein@ct-bruderschaft.de
http://www.christustraeger-bruderschaft.org

Die Christusträger Bruderschaft ist Anfang der sechziger Jahre entstanden; die Brüder und Schwestern (Christusträger Schwesternschaft) leben nach den Evangelischen Räten Ehelosigkeit, Armut und Gehorsam. Im 1986 erworbenen Kloster Triefenstein finden ebenso wie im schweizerischen Gut Ralligen Gäste – einzeln und in Gruppen – Aufnahme. Für Gruppen wird ein morgendliches Bibelprogramm und ein Abendprogramm angeboten; Einzelgäste können sich im Allgemeinen einer Gruppe anschließen: Ins Kloster Triefenstein können Einzelgäste auch zu „Stillen Tagen" kommen. Die Teilnahme am Stundengebet und geistliche Begleitung sind möglich. Das Kloster Triefenstein bietet mit den „Hausangeboten" auch thematische Einkehrzeiten von unterschiedlicher Dauer an.

Communität Casteller Ring
Evangelisches Augustinerkloster zu Erfurt

Augustinerstr.10

99084 Erfurt

Tel. 0361/576600

Fax 0361/5766099

mail: info@augustinerkloster.de

http://www.augustinerkloster.de

Priorat St. Wigberti

Pfarrgasse 108

99634 Werningshausen

Tel. 036376/50226 (Klosterpforte: Mo.–Sa. 15.00–17.00 Uhr)

Fax 036376/55327

mail: PFranzS@aol.com

http://www.wigberti.de

Familienkommunität „Siloah" e.V.

Gutsallee 4

99880 Neufrankenroda

Tel. 036254/884-0

Fax 036254/884-99

mail: kontakt@siloah-hof.de

http://www.siloah-hof.de

Internationale Jugendbegegnung – Mitarbeit in der Landwirtschaft möglich.

Kloster Volkenroda (Jesus-Bruderschaft Gnadenthal)

Amtshof 3

Kloster Volkenroda

99998 Volkenroda

Tel. 036025/559-0 oder -32

Fax 036025/55910

mail: info@kloster-volkenroda.de

http://www.kloster-volkenroda.de

Die Lage in Österreich unterscheidet sich kaum von der deutschen. Das gilt für das Angebot wie für die Bedingungen.

Kapuzinerkloster in Wien I
Tegetthoffstr. 2
1010 Wien I
Tel. 01/512-68 53
Fax 01/512-68 19
mail: provwien@ins.at
http://www.kapuziner.at/wien/wien.html

Einzelaussprache, keine Unterkunft.

Dominikanerkonvent
Rosenkranzbasilika St. Maria Rotunda
Postgasse 4
1010 Wien
Tel. 01/5129174-0 (Pforte: Mo.–Fr. 9.00–12.00 Uhr, 15.00–17.30 Uhr; im August und September nur vormittags)
Fax 01/5129174-50
mail: dominikaner@dominikaner.at
http://www.dominikaner-wien.at

Kloster auf Zeit.

Abtei Unserer Lieben Frau zu den Schotten
Freyung 6
1010 Wien
Tel. 01/53498
Fax 01/53498-105
mail: schotten@schottenstift.at
http://www.schottenstift.at

Kloster auf Zeit, Klosterladen mit breitem Angebot.

Kardinal König Haus/Bildungszentrum der Jesuiten

Kardinal-König-Platz 3

1130 Wien

Tel. 01/8047593

Fax 01/8049743

mail: office@kardinal-koenig-haus.at

http://www.kardinal-koenig-haus.at

Exerzitien für Gruppen und Einzelne, Einkehrzeiten für Einzelgäste, geistliche Begleitung möglich.

Kollegium Kalksburg der Gesellschaft Jesu (Jesuiten)

Promenadeweg 3

1230 Wien-Kalksburg

Tel. 01/8884158

Fax 01/888415820

Tage der Stille.

Stift Geras

2093 Geras

Tel. 02912/345-0

Fax 02912/345-299

mail: info@stiftgeras.at

http://www.stiftgeras.at

*Das Stift der Prämonstratenser-Chorherren wurde 1153 gegründet.
Nach Absprache mit dem Prior können Männer eine Woche Kloster auf
Zeit erleben. Unterkunft in den Klosterzellen in der Klausur des Stifts.
Zu den Messen am Morgen und Abend sowie zum Chorgebet sind Gäste
willkommen.*

Missionshaus St. Gabriel
Steyler Missionare
Gabrielstr. 171
2340 Mödling
Tel. 02236/803-213
Fax 02236/803-103
mail: rektor.stgabriel@steyler.at bzw. reksek@steyler.at (Sekretariat)
http://www.stgabriel.at

Einzelvereinbarungen.

Zisterzienserabtei Stift Heiligenkreuz
Gastmeister P. Pirmin Holzschuh OCist
2532 Heiligenkreuz 1
Tel. 02258/8703-101
Fax 02258/8703-114
mail: gastmeister@stift-heiligenkreuz.at
http://www. stift-heiligenkreuz.org

Das 1133 gegründete Stift liegt im Wienerwald, 15 Kilometer entfernt von Wien. Kloster auf Zeit für junge Männer ab 17 Jahren für mindestens vier Tage; die Mitarbeit in Haus und Garten wird erbeten. Zu den Gebetszeiten sind Besucher willkommen. Die Abtei richtet jährlich einen Klostermarkt mit Produkten verschiedener europäischer Klöster aus.

Zisterzienserstift Lilienfeld
Gastmeister P. Pius Maurer
Klosterrotte 1
3180 Lilienfeld
Tel. 02762/52420-10 (Pforte), -37 (Gastmeister)
mail: p.pius@aol.com
http://www.stift-lilienfeld.at

Die 1202 gegründete Abtei, deren mittelalterlicher Bau fast ganz in der ursprünglichen Form erhalten ist, bietet Männern Kloster auf Zeit für einige Tage. Unterbringung im Gästetrakt.

Benediktinerstift
Am Klosterberg 1
3353 Seitenstetten/Niederösterreich
Tel. 07477/42300
Fax 07477/42300250
mail: gastpater@stift-seitenstetten.at
http://www.stift-seitenstetten.at

Kloster auf Zeit, Ostern im Kloster. Klosterladen, in dem es u.a. Pflanzen aus dem Klostergarten gibt.

Benediktinerstift Melk
Gästehaus, z. Hd. P. Adolf Marker
Abt-Berthold-Dietmayr-Str. 1
3390 Melk/Niederösterreich
Tel. 02752/555-0; Gastpater: -460 oder -450
Fax 02752/555-460
mail: gastpater@stiftmelk.at
http://www.stiftmelk.at

Kloster auf Zeit.

Benediktinerabtei
3511 Stift Göttweig
Tel. 02732/85581-0 bzw. -322 (Pforte-Rezeption, Urlaub im Kloster)
Fax 02732/85581266
mail: info@stiftgoettweig.at bzw. pforte@stiftgoettweig.at
(Urlaub), gastmeister@stiftgoettweig.at (Kloster auf Zeit)
http://www.stiftgoettweig.at

Kloster auf Zeit nach Vereinbarung, Klosterladen.

Stift Altenburg
Gastpater
Abt-Placidus-Much-Str. 1
3591 Altenburg
Tel. 02982/3451
Fax 02982/3451-13
mail: info@stift-altenburg.at
http://www.stift-altenburg.at

Seit 1144 leben Benediktiner in Altenburg; das mittelalterliche Kloster wurde durch Ausgrabungen zugänglich gemacht. Männer können „Kloster auf Zeit"-Kurse wahrnehmen, die die Teilnahme an den Gottesdienstzeiten, Zeiten der Stille, der Lesung und die gemeinsame Arbeit in Haus und Garten beinhalten. Zur Teilnahme am Chorgebet sind Gäste willkommen. Im Klosterladen gibt es u. a. landwirtschaftliche Produkte und Wein.

Zisterzienserstift Zwettl
Stift Zwettl 1
3910 Zwettl
Tel. 02822/20202-17
Fax 02822/20202-40
mail: info@stift-zwettl.at bzw. gastpater@stift-zwettl.at
http://www.stift-zwettl.at

Kloster auf Zeit, Exerzitien für Einzelne und Gruppen. Klosterladen.

Zisterzienserstift Wilhering
Linzer Str. 4
4073 Wilhering/Oberösterreich
Tel. 07226/2311-0
Fax 07226/2311-11
mail: abteibuero@stiftwilhering.at
http://www.stiftwilhering.at

Prämonstratenser Chorherrenstift Schlägl

Schlägl 1

4160 Aigen/Oberösterreich

Tel. 07281/8801-0

Fax 07281/8801-227

mail: zv@stift-schlaegl.at

http://www.stift-schlaegl.at

Kloster auf Zeit.

Augustiner Chorherrenstift St. Florian

Stiftstr. 1

4490 St. Florian

Tel. 07224/8902-0

Fax 07224/8902-23

mail: info@stift-st-florian.at

Das erstmals 888 urkundlich erwähnte Kloster verfügt über eine vollendete barocke Klosteranlage. Neben Führungen und Orgelkonzerten wird Kloster auf Zeit für Männer und Frauen angeboten. Besuchern ist die Teilnahme am Chorgebet möglich.

Benediktinerstift Kremsmünster

4550 Kremsmünster/Oberösterreich

Tel. 07583/5275-0 (Pforte), -500 (Gastmeister)

Fax 07583/5275-19 (Pforte)

mail: fr.franz@stift-kremsmuenster.at (Gastmeister Fr. Franz Ackerl u. P. Gregor Humer)

http://www.stift-kremsmuenster.at

Kloster auf Zeit während der Karwoche; klostereigene Weinkellerei.

Bildungszentrum Zisterzienserstift Schlierbach

Klosterstraße 1

4553 Schlierbach

Tel. 07582/83013-155

Fax 07582/81805-3

mail: bildungszentrum@stift-schlierbach.at

http://www.stift-schlierbach.at

Kloster auf Zeit, Schaukäserei.

Benediktinerstift

Fr. Lukas Six OSB

Klosterplatz 1

4650 Lambach/Oberösterreich

Tel. 07245/21710-334

Fax 07245/21710-302

mail: pforte@stift-lambach.at

http://www.stift-lambach.at

Kloster auf Zeit.

Augustiner Chorherrenstift Reichersberg

Nr. 1

4981 Reichersberg am Inn

Tel. 07758/2313

Fax 07758/231332

http://www.stift-reichersberg.at

Unterkunft in Gästehaus, Kurse. Weinkeller, Klosterladen und Vinothek.

Herz-Jesu-Missionare Salzburg-Liefering

Schönleitenstr. 1

5013 Salzburg

Tel. 0662/432901-110

Fax 0662/432901-150

mail: provinzialat@msc-salzburg.at

http://www.msc-salzburg.at

Mitleben im Kloster.

Benediktuskloster Gut Aich

Winkl 2

5340 St. Gilgen

Tel. 06227/23180 (Mo.–Fr. 8.00–11.00 Uhr, 14.00–17.00 Uhr)

Fax 06227/231833

mail: europakloster.gutaich@aon.at

http://www.europakloster.com

„Mönch auf Zeit" bis zu vier Wochen für Männer; Kloster auf Zeit (längere Zeit des Mitlebens) für Männer und Frauen; Einzelexerzitien. Im Klosterladen werden Kräuterliköre und Naturkosmetik angeboten.

Exerzitienhaus Maria Hilf der Missionare vom kostbaren Blut

Lindenallee 13

6330 Kufstein-Kleinholz

Tel. 05372/62620-14

Fax 05372/64220

mail: hasenburgercpps@aol.com

http://www.maria-hilf-kufstein.org

Exerzitien für Gruppen und Einzelne, geistliche Begleitung möglich.

Klein-Theresien-Karmel

Treietstr. 18

6830 Rankweil/Vorarlberg

Postfach 70

Tel. 05522/42349

Fax 05522/44230

mail: webmaster@karmel.at

http://www.karmel.at/rankweil

Einzelgespräche, Mitfeiern der Gottesdienste, keine Unterkunft.

Abtei der Zisterzienserinnen Marienkron

Kneipp-Kurhaus & Entspannungszentrum
4**** Hotel
Klostergasse 3
7123 Mönchhof-Seewinkel
Tel. 02173/80205-44
Fax 02173/80205-40
mail: reservierung@marienkron.at
http://www.marienkron.at

Die Abtei wurde 1955 vom Zisterzienserstift Heiligenkreuz gegründet und mit Zisterzienserinnen besiedelt. Seit 1969 leiten die Schwestern und ihre Mitarbeiter ein Kurhaus und Entspannungszentrum. Kloster auf Zeit ist nach individueller Absprache für Männer und Frauen möglich, auch im Rahmen des „Kurs mit Kur"-Angebotes zur Einführung in die zisterziensische Spiritualität oder den ebenfalls angebotenen Bibelexerzitien. Gäste werden im Kurhaus untergebracht.

Franziskanerkloster

Franziskanerplatz 14
8010 Graz/Steiermark
Tel. 0316/827172-0
Fax 0316/827172-8
mail: graz@franziskaner.at
http://www.franziskaner.at

Hotelunterkunft in der Stadt, Einzelgespräche.

Karmelitenkonvent Maria Schnee

Grabenstr. 144
8010 Graz/Steiermark
Tel. 0316/682206
Fax 0316/68220612
mail: graz@karmel.at
http://www.karmel.at/graz

Exerzitien und geistliche Begleitung für Einzelpersonen, Mitleben nach Absprache möglich.

Zisterzienserstift Rein

Rein 1

8103 Rein/Steiermark

Tel. 03124/51621 bzw. 51621-23 (Gastpater Stephan)

Fax 03124/5162134

mail: info@stift-rein.at bzw. august.janisch@stift-rein.at (Gastpater)

http://www.stift-rein.at

Tage der Besinnung im Kloster.

Kloster der Dominikanerinnen von Bethanien

Brunn 20

Gemeinde Krumegg

8302 Nestelbach bei Graz

Tel. 03133/2223

Gottesdienstteilnahme, Einzelgespräche.

Basilika Mariazell
Benediktiner-Superiorat

Benedictusplatz 1

8630 Mariazell/Steiermark

Tel. 03882/2595-0

Fax 03882/2595-20

mail: office@basilika-mariazell.at

http://www.basilika-mariazell.at

Breites Hotelangebot im größten österreichischen Marienwallfahrtsort.
Im Kloster nur Einzelgespräche und Exerzitien.

Benediktinerabtei

Nr. 1

8732 Seckau/Obersteiermark

Tel. 03514/5234-0 bzw. -100 (Pforte)

Fax 03514/5234-105

mail: verwaltung@abtei-seckau.at

http://www.abtei-seckau.at

Mitleben, Theologische Tagungen, Gästeunterbringung im Kloster und in einem Klostergasthof. Im Klosterladen gibt es u. a. Edelbrände und Honig.

Benediktinerstift St. Lambrecht
Pater Gerwig Romirer
Hauptstr. 1
8813 St. Lambrecht
Tel. 03585/2305-22
Fax 03585/2305-20
mail: gastmeister@stift-stlambrecht.at
http://www.stift-stlambrecht.at

Die um 1076 gegründete Benediktinerabtei liegt im steirischen Naturpark Grebenzen. Kloster auf Zeit für Männer und Frauen; Unterkünfte für Männer, Frauen, Familien und Jugendgruppen. Die Mönche sind auf Wunsch und nach Möglichkeit zu Gesprächen und geistlicher Begleitung bereit; Aufenthaltsdauer, Kosten, Mithilfe bei anfallenden Arbeiten werden individuell besprochen.

Benediktinerstift Admont
Admont 1
8911 Admont/Steiermark
Tel. 03613/2312-0 bzw. -202 (Kloster), -601 (Kultur und Tourismus)
Fax 03613/2312-320
mail: info@stiftadmont.at oder kloster@stiftadmont.at
bzw. kultur@stiftadmont.at
http://www.stiftadmont.at

Ferien und Kursprogramm.

Ursulinenkloster
Ursulinengasse 1
9020 Klagenfurt am Wörthersee
Tel. 0463/51351-0 bzw. -14 (Gästehaus)

Gottesdienstteilnahme in der Klosterkapelle.

Servitenkloster Maria Luggau

9655 Maria Luggau/Kärnten

Tel. 04716/601

Fax 04716/601-17

mail: kloster.luggau@aon.at

http://www.kath.kirche-kaernten.at

Exerzitienangebote.

Schweiz

Benediktinerkloster Mariastein

4115 Mariastein

Tel. 061/7351

Fax 061/7351103

mail: info@kloster-mariastein.ch

http://www.kloster.mariastein.ch

Mariastein ist nach Einsiedeln der bedeutendste Wallfahrtsort der Schweiz. Seit dem 14. Jahrhundert sind „Fallwunder" überliefert; zahlreiche Menschen suchen mit ihren Anliegen bis heute die Gnadenkappelle auf. Das Kloster verfügt über einen Gästebereich und bietet die Teilnahme am Stundengebet, Besinnungstage und Besinnungswochenenden. Das Kurhaus Kreuz bietet geistliche sowie Naturheilkurse, Einkehrtage und Wanderwochen. Es steht auch Gastgruppen offen.

Oekumenische Gemeinschaft Beinwil

4229 Beinwil So

Tel./Fax: 061/7919511 (Pforte: Mo.–Sa. 9.00–11.00 Uhr und 15.00–17.00 Uhr)

mail: info@klosterbeinwil.ch

Als Gäste sind Männer und Frauen willkommen; die Unterbringung erfolgt im Gästehaus. Teilnahme am Chorgebet sowie geistliche Begleitung sind möglich.

Priesterheim Mariawil der Redemptoristen

Bruggerstr. 142

5408 Baden

Tel. 056/2030044

Fax 056/2030040

Einzelvereinbarungen.

Gemeinschaft der Missionare von der Heiligen Familie
Provinzialat Höchweid

6106 Werthenstein/Luzern

Tel. 041/25400

Fax 041/4925412

mail: xamue@bluwewin.ch

Einzelvereinbarungen.

Kloster Baldegg
Mutterhaus Sonnhalde

Sonnhaldenstr. 2

6283 Baldegg/Luzern

Tel. 041/883161

Fax 041/9141818

mail: info@baldeggerschwestern.ch

http://www.baldeggerschwestern.ch

Stille Ferientage.

Lassalle-Haus Bad Schönbrunn
Zentrum für Spiritualität, Dialog und Verantwortung

6313 Edlibach/Zug

Tel. 041/7571414

Fax 041/7571413

mail: info@lassalle-haus.org

http://www.lassalle-haus.org

Breites Angebot an Kursen und geistlichen Übungen: (Zen-)Meditation, Kontemplation, Heilfasten, Ignatianische Exerzitien. Für Einzelgäste besteht die Möglichkeit zum Mitleben und -arbeiten.

Olivetaner-Benediktinerinnen
Kloster Heiligkreuz

Lindencham

6330 Cham

Tel. 041/7850200

Fax 041/7850201

mail: info@kloster-heiligkreuz.ch

http://www.kloster-heiligkreuz.ch

Tage der Stille, Exerzitien; die Gäste werden im Gästehaus untergebracht. Teilnahme an den Gottesdiensten und begleitende Gespräche sind möglich.

Benediktinerkloster Engelberg
Abtei

6390 Engelberg/Luzern

Tel. 041/6396161

Fax 041/6396113

mail: info@kloster-engelberg.ch

http://www.kloster-engelberg.ch

Gottesdienstteilnahme, Beherbergung von Gästen.

Allerheiligenkloster der Kapuziner
Kapuzinerkloster Altdorf

6460 Altdorf/Uri

Tel. 041/8740730

Fax 041/8740739

mail: altdorf@kapuziner.org

http://www.kapuziner.org

Kloster auf Zeit. Teilnahme am Leben der Gemeinschaft mit Stille, Gebet, Meditation und Eucharistie. Einzelgespräche sind möglich.

Benediktinerabtei Disentis

Br. Stefan Keusch
Postfach
7180 Disentis/Mustér
Tel. 081/92969-00 (Zentrale), -20 (Gastbruder)
Fax 081/92969-01
mail: abtei@kloster-disentis.ch bzw. gastbruder@kloster-disentis.ch (Br. Stefan Keusch)
http://www.kloster-disentis.ch

Klosterunterkunft nach Einzelvereinbarung.

Kloster der Dominikanerinnen

Oberdorf
7408 Cazis/Graubünden
Tel. 081/6511432
Fax 081/6511444
mail: info@kloster-cazis.ch
http://www.kloster-cazis.ch

Gebetsteilnahme, Einzelgespräche.

Benediktinerkloster Fischingen
Verein St. Iddazell Fischingen

8376 Fischingen/Thurgau
Tel. 071/97872-73 bzw. -50 (Prior Pater Leo Müller)
Fax 071/97872-15
mail: info@klosterfischingen.ch
http://www.klosterfischingen.ch

Besinnungstage.

Kapuzinerkloster Rapperswil

Endingerstr. 9

8640 Rapperswil

Tel. 055/22053-12 (Bruder Paul Meier – Anmeldungen zum Mitleben)

bzw. -10

Fax 055/2205303

mail: rapperswil@kapuziner.org

http://www.klosterrapperswil.ch

Ein Aufenthalt im Kloster ist Gästen aller Konfessionen wochenweise (jeweils von Sonntag bis Sonntag) möglich; erwartet wird die Teilnahme am religiösen Leben; eine „Schnupperwoche" ist obligatorisch. Wer zunächst nur die Menschen und die Atmosphäre kennen lernen möchte, hat die Möglichkeit zur Teilnahme am „offenen Klostertisch". Die Unterbringung erfolgt in Einzelzimmern in der Klostergemeinschaft; Mitarbeit in Haus und Garten ist möglich, ebenso persönliche geistliche Begleitung.

Benediktiner Missionare
Abtei St. Otmarsberg

Postfach 135

8730 Urznach/St. Gallen

Tel. 055/2858111

Fax 055/2858100

mail: st.otmarsberg@abtei-uznach.ch,

(für Gäste:) br.arthur@bluewin.ch (Br. Arthur Grawehr)

http://www.abtei-uznach.ch

Besinnungstage, Einzelexerzitien.

Kommissariat des Heiligen Landes
Franziskanerkloster Mariaburg

Klosterweg 10

8752 Näfels

Tel. 055/6122818

Fax 055/6122827

mail: patrick.schaer@datacomm.ch

http://www.franziskaner.ch

Kloster auf Zeit, Einkehr- und Besinnungstage; geistliche Einzelgespräche möglich.

Kloster Einsiedeln

8840 Einsiedeln

Tel. 055/4186-111 bzw. -240 (P. Urban Federer, Gastpater)

Fax 055/4186-112

http://www.kloster-einsiedeln.ch

Das im 10. Jahrhundert gegründete Kloster war bis zu Beginn des 12. Jahrhunderts ein geistliches und kulturelles Zentrum für den gesamten alemannischen Raum. Im Jahre 1704 wurde der Bau der jetzigen barocken Klosteranlage begonnen; Einsiedeln ist heute ein international bekannter Wallfahrtsort. Als Gäste im Kloster sind Männer willkommen, die ihren Aufenthalt selbst gestalten wollen; die Unterbringung erfolgt im Gästetrakt. Die Teilnahme am Chorgebet ist möglich, ebenso Gespräche mit einzelnen Mönchen.

Evangelische Gemeinschaften

Communauté de Grandchamp

Grandchamp 4

2015 Areuse

Tel. 032/8422492

Fax 032/8422474

mail: communaute@grandchamp.org

http://www.grandchamp.org

Schwestern von Grandchamp

Retraitenhaus Sonnenhof

4460 Gelterkinden

Tel. 061/9811112 (9.00–12.00 Uhr, 16.00–18.00 Uhr, 19.15–20.00 Uhr)

Fax 061/9839555

mail: sonnenhof@grandchamp.org

http://www.grandchamp.org

Das Mutterhaus der Gemeinschaft befindet sich in der Nähe Fribourgs in der französischen Schweiz; die 1954 gegründete Gemeinschaft in der deutschsprachigen Schweiz in der Nähe von Basel. An beiden Orten sind Einzelgäste, Paare und Gruppen willkommen zur Teilnahme an den Gebetszeiten oder zu den im Rahmen eines jährlichen Programms angebotenen Retreats. Die geistliche Begleitung durch eine der Schwestern ist möglich. Es besteht darüber hinaus die Möglichkeit, über längere Zeit mit den Schwestern zu leben und zu arbeiten oder für einzelnen Gebets- oder Meditationstage zu kommen.

Steppenblüte Communität
Grimmialp
3757 Schwenden/Diemtigtal BE
Tel. 033/6848000
Fax 033/6848001
mail: info@steppenbluete-grimmialp.ch
http://www.steppenbluete-grimmialp.ch

Die Schwesternschaft gehört zur reformierten Landeskirche und ist Anfang der 1970er Jahre entstanden. Die Schwestern leben nach den Evangelischen Räten. Das Angebot für Gäste umfasst u. a. Einkehrtage und Retraiten, Retraiten für Frauen und Familien, Mutter-Kind-Loslass-Wohlfühl-Wochenenden und Advents-Retraiten. Für Frauen besteht die Möglichkeit des Mitlebens und -arbeitens mit den Schwestern.

Diakonissenhaus Riehen
Schützengasse 51
Postfach 599
4125 Riehen 1
Tel. 061/6454545
Fax 061/6454500
heimetli@diakonissen-riehen.ch
http://www.diakonissen-riehen.ch

Gäste sind willkommen zu Einkehrtagen, thematischen Wochenenden und zum Mitleben (14 Tage bis Vierteljahr).

Abbaye Saint-Vincent

03140 Chantelle

Tel. 04 70 56 62 55

Fax 04 70 56 15 30

mail: contact@benedictines-chantelle.com

http://www.beneditines-chantelle.com

Benediktiner, Einzelaufenthalte auf Anfrage.

Abbaye Notre Dame de Sept-Fons

03290 Dompierre-sur-Besbre

Tel. 04 70 48 14 90

Fax 04 70 48 14 87

mail: septfons@septfons.com

http://www.abbayedeseptfons.com

Absolute Stille für Gäste bis zu zehn Tage, 27 Zimmer.

Abbaye Notre-Dame de Ganagobie

Le Prieuré

04310 Ganagobie

Tel. 04 92 68-00 04 bzw. -1210 (Père Hôtelier)

Fax 04 92 68 11 49

mail: p.hotelier@ndganagobie.com

http://www.ndganagobie.com

Benediktinerkloster mit 15 Gästezimmern, Klosterteilhabe bis zu einer Woche.

Abbaye Notre Dame de Lérins

Ile St. Honorat B. P. 157

06406 Cannes Cédex

Tel. 04 92 98 71 38

Fax 04 92 99 54 01

mail: info@abbayedelerins.com, hotellerie@abbayedelerins.com

http://www.abbayedelerins.com

Zisterzienser mit Aufenthaltsangeboten bis zu einer Woche; nicht im November.

Monastère du Carmel
06510 Carros-Village
Tel. 04 93 29 10 71
Fax 04 93 29 39 37

Sieben Zimmer für Aufenthalte von drei bis zehn Tagen.

Abbaye Notre-Dame de la Paix de Castagniers
271, route de Sainte Blaise
06670 Castagniers
Tel. 04 93 08 05 12
Fax 04 93 08 35 18
mail: informations@castagniers.net

Bis zu zehntägige geistliche Einkehrtage.

Monastère du Carmel de la Fontaine Olive
08150 Aubigny-les-Pothées (Ardennen)
Tel. 03 24 35 81 82
Fax 03 24 35 25 43
mail: carmel.fontaine-olive@carmel.asso.fr

Gästehaus außerhalb des Klosters inmitten eines Waldes. Besucher müssen sich selbst versorgen.

Monastère Notre-Dame de la Sainte Espérance
10190 Mesnil-Saint-Loup
Tel. 03 25 40 40 82
Fax 03 25 40 56 35
mail: sainte.esperance@aliceadsl.fr

Einkehrtage mit geistlicher Betreuung.

Monastères Notre-Dame de L'Action de Grâces

10–12, rue Pasteur

11400 Castelnaudary (Ande)

Tel. 04 68 23 12 92

Fax 04 68 23 69 46

Gästehaus für Laien außerhalb des Klosters, slawische Kirchengesänge.

Monastère du Carmel Notre-Dame

81, Chemin de l'Oule

13012 Marseille

Tel. 04 91 93 59 10

Fax 04 91 87 35 87

mail: carmel-notre-dame@wanadoo.fr

Einzelaufenthalte auf schriftliche Anfrage.

Monastères du Saint-Sacrement

22, avenue Jean Dalmas

13090 Aix-en-Provence

Tel. 04 42 64 44 36

Aufnahme für Studenten.

Monastère du Carmel

8, rue du Clos Beaumois

14000 Caen

Tel. 02 31 93 66 63

Individuelle Einkehrtage.

Abbaye Saint-Martin de Mondaye

14250 Juaye-Mondaye

Tel. 02 31 92 58 11

Fax 02 31 92 08 0

Prämonstratenser bieten Aufenthalte und individuelle Gespräche.

Monastère de la Sainte-Trinité des Bénédictines

48, rue Saint-Loup

B. P. 219

14402 Bayeux Cédex

Tel. 02 31 21 87 09

Fax 02 31 21 59 91

mail: benedictines.bayeux@wanadoo.fr

Miterleben des Benediktinerklosters mit geistlichem Beistand.

Monastère de Chersonèse de Korssoun

Doumérac

16380 Grassac

Tel. 05 45 23 05 07

Orthodoxe Mönche bieten Ruhe für einige Tage, Bezahlung nach eigenem Vermögen.

Monastères de la Théophanie

Le Ladeix

19190 Aubazine

Tel. 05 55 25 75 67

Griechisch-katholisches Kloster mit einigen Gästezimmern in der Corrèze.

Monastères Sainte-Claire

Montée Sainte-Claire

20200 Bastia

Tel. 04 95 31 59 03

Stadtkloster der Klarissen für Familien.

Monastère du Saint-Sacrement

20222 Erbalunga (Korsika)

Tel./Fax 04 95 33 22 81

Einzelbesuche auf Empfehlung und schriftliche Anfrage.

Abbaye Saint-Joseph de Clairval

21150 Flavigny-sur-Ozerain

Tel. 03 80 96 22 31

Fax 03 80 96 25 29

http://www.clairval.com

Benediktinerkloster auf dem flachen Land, Programm ähnlich dem Kloster auf Zeit. Liturgie nach dem tridentinischen Ritus.

Monastère du Carmel

14, rue de Chory

21200 Beaune

Tel./Fax 03 80 22 27 43

Einzelaufnahmen auf Anfrage.

Monastère Saint-Elie

5, rue du Floquet

21500 Saint-Rémy

Tel./Fax 03 80 92 07 40

mail: postmaster@monasteresaintelie.com

http://www.monasteresaintelie.com

Ökumenisch ausgerichtetes Karmelitenkloster mit einigen Gästezimmern.

Monastère de Bethléem Notre-Dame de la Croix Vivifiante

Bouquen

22640 Plénée-Jugon

Tel. 02 96 30 22 36

Eucharistisch betonte Einkehrtage mit der Möglichkeit der Mitarbeit sowie einsamer Waldspaziergänge.

Monastère du Carmel

79, rue Valette

24100 Bergerac

Tel. 05 53 57 15 33

Fax 05 53 57 58 50

Besinnungstage bei Karmeliten.

Abbaye Notre-Dame de Bonne Espérance

24410 Échourgnac

Tel. 05 53 80 82 50

Fax 05 53 80 08 36

mail: communaute@abbaye-echourgnac.org,
retraitants@abbaye-echourgnac.org

http://www.abbaye-echourgnac.org

Individuelle Gebetstage bei Trappistinnen.

Monastères Sainte-Claire

Sœur Brigitte

6, rue du Chapitre

25000 Besançon

Tel. 03 81 82 10 25

mail: clarisses-besancon@wanadoo.fr

Einzelaufenthalte auf Anfrage.

Abbaye Notre-Dame de la Grâce-Dieu

25530 Chaux-les-Passavent

Tel. 03 81 60 44 45

Fax 03 81 60 44 18

mail: ndgracedieu@wanadoo.fr

Aufenthalte nach schriftlicher Anfrage.

Monastères Sainte-Anne

26160 Bonlieu-sur-Roubion

Tel. 04 75 53 92 23

Fax 04 75 53 86 50

http://www.mondaye.com

Prämonstratenserhaus mit Begegnungsmöglichkeiten mit den Mönchen.

Clarisses de Crest

53, rue des Auberts

26400 Crest

Tel. 04 75 25 49 13

Fax 04 75 25 28 80

mail: crest.clarisse@wanadoo.fr

http://dioiscrestois.cef.fr

Absolute Ruhe bis zu zehn Tage lang.

Abbaye Notre-Dame du Bec

27800 Le Bec-Hellouin (Eure)

Tel. 02 32 43 72 62

Fax 02 32 44 96 69

mail: hotes@abbayedubec.com

http://www.abbayedubec.com

Zwei Gästebereiche: Für Kloster auf Zeit mit den Benediktinern und für Erholungstage.

Carmel

2, rue du Carmel

27930 Gravigny-Évreux

Tel. 02 32 33 35 51

Zwei bis drei Tage, zwei Zimmer.

Abbaye Saint Guénolé

29560 Landévennec

Tel. 02 98 27 37 53

Fax 02 98 27 79 57

mail: abbaye.landevennec@orange.fr

http://abbaye-landevennec.cef.fr

Kloster auf Zeit, aber ohne Programm, für eine Woche.

Monastère Notre-Dame de la Paix-Dieu

Cabanoule

30140 Anduze

Tel. 04 66 61 73 44

Fax 04 66 61 87 94

mail: communaute@cabanoule.org

Trappistenkloster, Einkehrtage.

Abbaye Sainte-Marie-du-Désert

31530 Bellegarde-Sainte-Marie

Tel. 05 62 13 45 45

Fax 05 62 13 45 35

mail: michel.stoffels@wanadoo.fr (Webmaster),

abstemariedesert@wanadoo.fr (Abtei)

http://abbayedudesert.com

Achttägige Exerzitien bei Zisterziensern.

Monastères Notre-Dame-des-Sept-Douleurs et de Sainte-Catherine-de-Sienne

60, avenue Compans

31700 Blagnac

Tel./Fax 05 34 60 53 90

Familienpension erlaubt Aufenthalte unterschiedlichster Anforderungen.

Abbaye Sainte Marie de Boulaur

32450 Boulaur

Tel. 05 62 65 40 07

Fax 05 62 65 49 37

mail: non@dispnible.com

http://www.boulaur.org

Frauen und Familien willkommen, Versorgung mit Produkten der Zisterzienserinnen, von Mai bis Oktober.

Abbaye de Sainte-Marie du Rivet

33124 Auros (Gironde)

Tel. 05 56 65 40 10

Fax 05 56 65 05 39

mail: cellerie-rivet@wanadoo.fr

Gästetrakt für Familien und Jugendliche.

Monastère orthodoxe Saint Nicolas

La Dalmerie

34260 Le Bousquet-d'Orb

Tel. 04 67 23 41 10

mail: st.nicolas@dalmerie.com

http://pagesperso-orange.fr/la.dalmerie/

Einfaches Gästehaus, Mitleben, Gespräche mit Mönchen.

Abbaye Notre-Dame de Fontgombault

36220 Fontgombault

Tel. 02 54 37 12 03

Fax 02 54 37 12 56

Benediktinerkloster. Wer nicht stört, darf am Mönchsalltag teilnehmen.

Monastère de Chalais

B. P. 128

38340 Voreppe Cedex

Tel. 04 76 50 12 52

Fax 04 76 50 22 23

mail: accueil.chalais@orange.fr

http://www.chalais.org

Zimmer für Gläubige und Nichtglaubende, die das Gebet und die Stille des Dominkanerklosters erleben wollen.

Monastères Saint-Dominique

62, rue Gambetta

40100 Dax

Tel. 05 58 56 84 60

Fax 05 58 74 97 25

mail: dax@dominicaines.org

http://dax.dominicaines.org

Dominikaner bieten geistliche Einkehr.

Abbaye Notre-Dame de Maylis

40250 Maylis

Tel. 05 58 97 68 12

Fax 05 58 97 72 58

mail: accueil@maylis.org

http://www.abbaye-de-maylis.com

Benediktiner bieten Gebetstage.

Abbaye Notre-Dame-de-Meilleraye

44520 La Meilleraye-de-Bretagne

Tel. 02 40 55 26 00

http://www.citeaux.abbaye.com

Klausur für absolute Ruhetage.

Abbaye de Bellefontaine

B. P. 17

49122 Bégrolles-en-Mauges

Tel. 02 41 75 60 40

Fax 02 41 75 60 49

http://www.bellefontaine-abbaye.com

Einkehrtage bei Trappisten. Jeder Gast bezahlt, was er individuell kann.

Monastère Notre-Dame de Compassion
„La Barre Villeneuve"
49540 Martigné-Briand
Tel. 02 41 59 42 85
Fax 02 41 59 66 92

Teilhabe am benediktinischen Leben, Kloster auf Probe.

Abbaye Notre-Dame de Grâce
50260 Bricquebec
Tel. 02 33 87 56 10
Fax 02 33 87 56 13
mail: ocso.bricquebec@wanadoo.fr
http://catholique-coutances.cef.fr

Stille Tage für Männer bei den Trappisten, bis zu einer Woche.

Abbaye Notre-Dame d'Igny
Moniales Cisterciennes trappistines
51170 Arcis-le-Ponsart (Marne)
Tel. 03 26 48 08 40
Fax 03 26 83 10 79

Einkehrtage von maximal einer Woche.

Monastère des Bénédictines du Saint-Sacrement
15, rue de la Libération
53400 Craon
Tel. 02 43 06 13 38
Fax 02 43 06 03 80

Geistliche Erholungstage.

Abbaye Sainte-Anne de Kergonan
B. P. 11
56340 Plouharnel
Tel. 02 97 52 30 75
Fax 02 97 52 41 20
mail: communaute@kergonan.org
Verwaltung: economat@abbaye-ste-anne-kergonan.org
http://catholique-vannes.cef.fr

Benediktiner bieten Tage im Kloster mit Teilhabe am Klosterleben, Meditation und Gregorianischen Gesängen, Gemeinschaft mit den Mönchen.

Abbaye Notre-Dame de Timadeuc
Bréhan
56580 Rohan
Tel. 02 97 51 50 29
Fax 02 97 51 59 20
mail: timadeuc.abbaye@wanadoo.fr
http://catholique-vannes.cef.fr

Die Trappisten bieten 40 Zimmer für Männer und Frauen.

Abbaye Notre-Dame Campénéac
56800 Campénéac
Tel. 02 97 93 42 07
Fax 02 97 93 13 27
Mobil 06 67 06 14 20
mail: accueilabbayelajoie@minitel.net

Zisterzienser, individuelle Einkehrtage.

Carmel de Plappeville
82, rue du Général-de-Gaulle
Plappeville
57050 Metz
Tel. 03 87 30 09 21
Fax 03 87 32 83 38

Einkehrtage.

Abbaye d'Oriocourt

57590 Delme (Mosel)

Tel. 0387 01 31 67

Benediktiner bieten Stille und Ruhe sowie Teilhabe am Gebet.

Abbaye du Mont des Cats

2470 Route du Mont des Cats

59270 Godewaersvelde

Tel. 03 28 43 83 60

Fax 03 28 43 83 61

http://www.abbaye-montdescats.com

Trappisten, Tage der Stille.

Monastère Saint-Claire

31, avenue du Président-Kennedy

59610 Fourmies

Tel. 03 27 60 04 28

mail: perejeanclaude@menora.ma

Individuelle Einkehrtage auf Anfrage.

Monastères Sainte-Claire

7, rue de la Demi-Lune

61000 Alençon

Tel. 02 33 26 14 58

In dem Klarissenkloster ist ein Dutzend Betten für Gäste vorhanden.

Abbaye Notre-Dame

2, rue de l'Abbaye

B. P. 8

61201 Argentan Cédex

Tel. 02 33 67 12 01

Fax 02 33 35 67 55

Benediktinerinnen bieten Familienaufenthalte.

Monastères Sainte-Claire

1, rue Sainte-Claire
62223 Arras
Tel. 03 21 71 49 63
http://steclairearras.free.fr

Einkehrtage auf schriftliche Anfrage.

Abbaye Notre-Dame de Randol

63450 Saint-Amant-Tallende
Tel. 04 73 39 31 00
Fax 04 73 39 05 28
mail: postmaster@randol.org
http://www.randol.org

Benediktinerkloster, Aufenthalt mit Vollpension in einer kargen Landschaft (Puy de Dome) mit viel Stille.

Monastères des Bernardines

64600 Anglet
Tel. 05 59 63 84 34

Einkehrtage für Frauen.

Carmel Notre-Dame de Lourdes

17, Route de Pau
65100 Lourdes
Tel. 05 62 94 26 67
Fax 05 62 94 50 44

Tagesaufenthalte für Gäste auf der Suche nach absoluter Ruhe.

Abbaye Saint-Michel de Cuxa

Route de Taurinya
66500 Codalet
Tel. 04 68 96 02 40

Zeitweise Leben mit den Benediktinern.

Monastère Saint-Alphonse
Landser
68440 Habsheim
Tel. 03 89 81 30 10
Fax 03 89 26 87 56

Einkehrtage bei Redemptoristen im Elsass bis zu einer Woche.

Abbaye de Notre-Dame d'Œlenberg
68950 Reiningue
Tel. 03 89 81 91 23
Fax 03 89 81 86 07
mail: contact@abbaye-oelenberg.com
Gästehaus: hotellerie@abbaye-oelenberg.com
http://de.abbaye-oelenberg.com

Zimmer für Tage der Stille bei den Trappisten.

Carmel de la Paix
Mazille
B. P. 10
71250 Cluny
Tel. 03 85 50 81 43
Fax 03 85 50 83 83

Karmeliten bieten Teilnahme am Klosterleben einschließlich Gartenarbeit.

Monastère La Paix Notre-Dame
72500 Flée
Tel. 02 43 44 14 18
Fax 02 43 79 18 92

Ein Dutzend Zimmer außerhalb der Klausur.

Communauté Chemin Neuf

Abbaye d'Hautecombe

73310 Saint-Pierre-de-Curtille

Tel. 04 79 54 26 12

Fax 04 79 54 29 94

mail: webmestre@chemin-neuf.org

http://www.chemin-neuf.org

Klösterliches Gemeinschaftsleben möglich.

Abbaye Sainte-Marie de Paris

3, rue de la Source

75016 Paris

Tel. 01 45 25 30 07

mail: stemarie@club-internet.fr

Benediktinerkloster, Einzelbesucher und Gruppen nach schriftlicher Anmeldung.

Carmel du Montmartre

34, rue du Chevalier de la Barre

75018 Paris

Tel. 01 46 06 33 48

Fax 01 46 06 53 80

mail: carmel.montmartre@carmel.asso.fr

Teilhabe am Leben der Klostergemeinschaft.

Prieuré Saint-Benoît Sainte-Scholastique

3, cité du Sacré-Coeur

75018 Paris

Tel. 01 46 06 14 74

Fax 01 42 23 19 33

Auf dem Montmartre bieten Benediktiner geistliche Führung bei mehrtägigen Aufenthalten.

Carmel de Fontainebleau-Forges

30, rue Grande

77130 Forges

Tel. 01 64 32 18 35

Karmeliten, geistliche Einkehrtage.

Monastère Notre-Dame de Bethléem

77140 Nemours

Tel. 01 64 28 13 75

Strikte Einsamkeit. Die Einhaltung der Stille muss im voraus schriftlich zugesichert werden.

Prieuré Saint-Joseph

1 bis, avenue Victor-Thiébaut

77177 Brou-sur-Chantereine

Tel. 01 60 20 11 20

Fax 01 60 20 43 52

mail: pr.stjoseph.bron@club-internet.fr

Einkehrtage bei Benediktinern bis zu einer Woche.

Abbaye Notre-Dame de Jouarre

6, rue Montmorin

77640 Jouarre

Tel. 01 60 22 06 11

Fax 01 60 22 31 25

mail: communaute@abbayejouarre.org

http://www.abbayejouarre.org

Vielfältige Aufnahmemöglichkeiten.

Monastère des Orantes de l'Assomption

Chemin de Noncienne

78830 Bonnelles

Tel. 01 30 88 48 50

Fax 01 30 88 48 64

mail: orantes.bonnelles@wanadoo.fr

Gästehaus für spirituelle Einkehrtage.

Notre-Dame du Carmel

656, rue Saint-Fuscien

80090 Amiens

Tel. 03 22 95 63 16

Fax 03 22 89 04 48

mail: carmel.amiens@wanadoo.fr

Zwei Zimmer für Aufenthalte von mehreren Tagen.

Monastère du Carmel

17, rue des Carmélites

81000 Albi

Tel. 05 63 54 55 54

Fax 05 63 38 41 16

Nur Tagesaufenthalte.

Monastère du Carmel

3, rue de L'Observance

84000 Avignon

Tel. 04 90 8615 41

Aufenthalte möglich für Familien und für Mädchen, die ins Kloster wollen.

Monastère Sainte-Claire de Notre-Dame des Miracles

Moniales clarisses

B. P. 28

84141 Montfavet Cédex

Tel. 04 90 31 01 55

Einkehrtage.

Abbaye Notre-Dame de Sénanque
84220 Gordes
Tel. 04 90 72 17 95
Fax 04 90 72 15 70
mail: ecrire@senanque.fr
http://www.senanque.fr

Traditionelles Klosterleben mit Zisterziensern bis zu acht Tagen.

Abbaye Sainte-Madeleine
84330 Le Barroux (Vaucluse)
Tel. 04 90 62 56 31
Fax 04 90 62 56 05
mail: pere.louis@barroux.org
http://www.barroux.org

Einkehrtage für Männer im Benediktinerkloster.

Abbaye Saint-Martin de Ligugé
2, place A. Lambert
86240 Ligugé
Tel. 05 49 55 21 12
Fax 05 49 55 10 98
mail: info@abbaye-liguge.com
http://www.abbaye-liguge.com

Benediktinerkloster mit Gästehaus mit zehn Zimmern.

Abbaye Sainte Croix de la Cossonière
86280 Saint-Benoît (Poitiers)
Tel. 05 49 88 57 33
Fax 05 49 88 57 33
mail: ab.ste-croix-hotellerie@wanadoo.fr
http://www.diocese-poitiers.com.fr./religieux/abbayestecroix-html

Benediktiner verstehen die angebotenen Klostertage als „Schule fürs Beten".

Monastère du Carmel

39, rue du Quereux

86440 Migné-Auxance

Tel. 05 49 51 71 32

Fax 05 49 54 48 86

mail: carmelmigneauxances@tiscali.fr

Geistliche Einkehr nach individueller Absprache.

Carmel Nazareth

10, rue Saint-Michel

87210 Le Dorat

Tel. 05 55 60 73 65

Fax 05 55 60 16 76

Karmelitinnen, Gästehaus außerhalb des Klosters.

Abbaye Saint-Louis du Temple

Limon

91430 Vauhallan

Tel. 01 69 85 21 00

Typisches Angebot der Benediktiner mit Gebet und Liturgie.

Carmel de l'Incarnation

3, rue de l'Est

92140 Clamart

Tel. 01 46 44 30 33

Fax 01 39 91 58 08

Individuelle Gebetstage.

Carmel du Saint-Esprit

87, rue d'Ombreval

95330 Domont

Tel. 01 39 91 71 90

Fax 01 39 91 58 08

mail: carmel.domont@wanadoo.fr

Fünf Einzelzimmer für Einzelgäste.

Das Angebot von Kloster auf Zeit in der in Niederaltaich entwickelten Form gehört in Italien zu den Ausnahmen. Dagegen gibt es eine große Zahl von klösterlichen Häusern, die von Ordensleuten geführt werden und stille Tage sichern. Die Atmosphäre reicht zwar nicht an einen wirklichen Klosterbetrieb heran. Für tiefere Gespräche mit Mönchen und Nonnen wären aber auch Sprachkenntnisse Bedingung, die viele Gäste nicht mitbringen. Zum Schnuppern von Klosterluft im Rahmen eines ruhigen Urlaubs im Ausland reicht das italienische Angebot aber immer. Vor allem in Rom gibt es viele Ordenshäuser, die im Pilgertourismus ihr Geld verdienen. Die meisten Preise liegen weit unter den üblichen Hotelkosten.

Rom-Pilger erhalten Informationen zur Unterkunft in Klöstern und Ordenshäusern in Rom beim Pilgerzentrum, einer Institution des Katholischen Auslandssekretariats der Deutschen Bischofskonferenz:

Pilgerzentrum
(Centro Pastorale Pellegrini di Lingua Tedesca)
Via della Conciliazione, 51
00193 Roma (Italia)
Tel. 06 6897-197/198
Fax 06 6869 490
mail: pilgerzentrum@libero.it
http://www.pilgerzentrum-rom.de

Hinweis: In Italien muss auch bei Ortsgesprächen die Vorwahl mitgewählt werden. Die 0 entfällt auch bei Gesprächen aus dem Ausland nicht. Ein Anruf in Rom aus Deutschland beginnt so z.B. immer mit 0039 (Italien), 06 (Rom).

Hotel Casa Domitilla

Via delle Sette Chiese 280

00147 Rom

Tel. 06 513 3956

Fax 06 513 5461

mail: info@domitilla.it

http://www.domitilla.it

Haus in Katakombennähe.

Casa di Santa Francesca Romana

Via dei Vascellari 61

00153 Rom

Tel. 06 581 2125

Fax 06 588 2408

mail: istituto@sfromana.it

http://www.sfromana.it

Das Schwesternhaus liegt mitten in Trastevere.

Hotel Domus Aventina

Via di Santa Prisca 11B

00153 Rom

Tel. 06 574 6135

Fax 06 573 00044

Dreisternehotel im Kloster.

Hotel Santa Prisca

Largo M. Gelsomini 25

00153 Rom

Tel. 06 574 1917, 06 575 0009, 06 575 0469

Fax 06 574 6658

mail: hsprisca@hotelsantaprisca.it

http://www.hotelsantaprisca.it

Gästehaus neben einem Nonnenkloster auf dem Aventin, das die Anlage betreut.

Monastero di S. Maria dei Sette Dolori

Via Garibaldi 27
00153 Rom
Tel. 06 589 7327
Fax 06 583 31103
mail: info@netrade.it

Etwas abgelegenes Kloster, das vornehmlich von Studenten bewohnt wird.

Villa Rosa

Via Terme Deciane 5
00153 Rom
Tel. 06 571 7091
Fax 06 574 5275
mail: villarosa2000@libro.it

Dominikanerinnenhaus, wo neben Gästen vor allem die Schwestern bei ihren Rom-Aufenthalten nach jahrelangen Auslandseinsätzen untergebracht sind.

Casa Mater Ecclesiae

Via Monte del Gallo 27
00165 Rom
Tel. 06 637 4653
Fax 06 393 7905

Gut ausgestattetes Gästehaus nahe dem Vatikan.

Casa Mater Immaculata

Via Monte del Gallo 38
00165 Rom
Tel. 06 630 863
Fax 06 630 181

Großer Garten und Ruhe nahe dem Vatikan.

Casa Nostra Signora dell'Atonement

Via Monte del Gallo 105
00165 Rom
Tel. 06 630 782
Fax 06 638 6149

Haus von amerikanischen Franziskanerinnen.

Casa Paolo VI

Viale Vaticano 92
00165 Rom
Tel. 06 397 23797

Nahe dem Eingang zu den vatikanischen Museen gelegen.

Casa per Ferie S. Maria alle Fornaci

Piazza S. Maria alle Fornaci 27
00165 Rom
Tel. 06 393 67632
Fax 06 393 66795
mail: cffornaci@tin.it

Haus des gastfreundlichen Trinitarier-Ordens wenige Meter vom Petersplatz entfernt.

Casa Tra Noi

Via Monte del Gallo 113
00165 Rom
Tel. 06 393 87355
Fax 06 393 87446
mail: tranoi@tiscali.it

Pilgerhaus südlich des Vatikans.

Convento San Francesco

Via Nicolo V 35
00165 Rom
Tel. 06 393 66531

Einfaches Haus von Franziskanerinnen.

San Giuseppe della Montagna

Viale Vaticano 88

00165 Rom

Tel. 06 397 23807

Fax 06 397 39095

Ein von spanischen und italienischen Schwestern geführtes Haus am Nordrand des Vatikans.

Villa Santa Maria Suore di Cavita di S. Maria, Suore de Buon Consiglio

Via Monte del Gallo 81

00165 Rom

Tel./Fax 06 393 87388

Preiswertes Ordenshaus nahe dem Vatikan.

Procura Generale - Suore Missionarie Pallottine

Viale delle Mura Aurelie 7B

00165 Rom

Tel. 06 393 6351

Fax 06 393 66943

mail: info@procuramissionariepallottine.it

Gästehaus in ruhiger Halbhöhenlage beim Vatikan.

Eremo Domenicane di Santa Rosa da Lima

Via del Pescaccio 101

00166 Rom

Tel. 06 661 82247

Fax 06 661 82804

mail: teresa@domenicanes-rosa.it

http://www.domenicanes-rosa-it

Gästehaus von Dominikanerinnen, am Weg zum Flughafen gelegen.

Villa Lituania
Piazza Asti 25
00182 Rom
Tel. 06 701 7-464/-405/-959
Fax 06 701 7468
mail: info@villalituania.com
http://www.villalituania.com

Mittelalterliche Burganlage im Südosten, man spricht Deutsch.

Casa Soggiorno Sant'Elisabetta
Via dell'Olmata 9
00184 Rom
Tel. 06 488 8271
Fax 06 488 4066

Schwesternhaus (man spricht deutsch) nahe Santa Maria Maggiore.

Suore Giuseppe di Cluny (St. Maria Maggiore)
Via Angelo Polizino 38
00184 Rom
Tel. 06 487 2837
Fax 06 487 2838

Zum Teil mit Antiquitäten ausgestattetes Gästehaus von Ordensschwestern.

Casa Il Rosario
Via Sant'Agata dei Goti 10
00184 Rom
Tel. 06 679 2346
Fax 06 699 41106
mail: irodopre@tin.it

Gut geführtes Schwesternhaus beim Kolosseum.

Casa di Santa Brigida

Piazza Farnese 96

00186 Rom

Tel. 06 688 92596, 06 688 92497

Fax 06 688 91573

mail: brigida@mclink.it

http://www.brigidine.org

Geschäftsmäßig geführtes Schwesternhaus.

Casa Unione Mysterium Christi

Via Merulana 174

00185 Rom

Tel. 06 704 92421

Fax 06 770 77707

Gästehaus der Christusschwestern.

Suore del Buon Salvatore

Via Leopardi 17

00185 Rom

Tel. 06 446 7147

Fax 06 446 1382

Schwesternhaus in der Nähe der belebten Piazza Vittorio Emmanuele.

Casa Kolbe

Via San Teodoro 44

00186 Rom

Tel. 06 679 4974

Fax 06 699 41550

Riesiges Kloster nahe dem Kolosseum in Erinnerung an den von den Nazis in Auschwitz ermordeten Pater Maximilian Kolbe.

Fraterna Domus

Via di Monte Brianzo 62

00186 Rom

Tel. 06 688 02727

Fax 06 683 2691

Mail: fraternadomus@alice.com

Zentral gelegenes Schwesternhaus.

Suore di Nostra Signora Del Buon Soccorso

Via degli Artisti 38

00187 Rom

Tel. 06 488 5259

Ruhiges Schwesternhaus nahe der Via Veneto.

Assisi

Folgende Häuser eignen sich besonders für Einkehrtage im Franziskus-Zentralort Assisi. Sie liegen durchweg in nächster Nähe zur Basilika:

06081 Assisi (Perugia)

Casa del Terziario

Piazza del Vescovado 5

Tel. 075 812 366

Casa di Santa Brigida

Via Morano 1

Tel. 075 812 693

Casa Madonna Della Pace
Via Bernardo da Quintavalle 16

Tel. 075 812 337

Monastero S. Quirico
Via Giovanni di Bonino 5

Tel. 075 812 688

In der Nähe von Assisi liegen:

Hotel Beniamino Ubaldi
Via Perugina 74

06024 Gubbio (Perugia)

Tel. 075 927 7773

Fax 075 927 6604

Istituto Maestre Pie Filippine
Corso Garibaldi 100

06024 Gubbio (Perugia)

Tel. 075 927 3768

Casa Religiosa d'Ospitalità Santa Maria del Monte
Corso Matteotti 15

06031 Bevagna (Perugia)

Tel. 0742 360-01 sowie -135

Fax 0742 369 315

Oasi S. Francesco
Colle Cappuccini

06034 Foligno (Perugia)

Tel. 0742 350 262

Fax 0742 340 854

http://www.argoweb.it/casareligiosa-oasisanfrancesco/oasisan-
francesco.it.html

Pensionato Santissima Annunziata

Via San Biagio 2

06059 Todi (Perugia)

Tel. 075 894 2268

Fax 075 894 3218

Domus Pacis Assisi

Piazza Porziuncola 1

06088 Santa Maria degli Angeli (Perugia)

Tel. 075 804 3530

Fax 075 804 0455

mail: domuspacis@assisiofm.org

http://www.domuspacis.it

Casa Maria Immacolata

Via Patrono d'Italia

06088 Santa Maria degli Angeli (Perugia)

Tel. 075 804 1145

Fax 075 816 258

Hotel Cenacolo Francescano

Viale Patrono d'Italia 70

06088 Santa Maria degli Angeli (Perugia)

Assisi (Perugia)

Tel. 075 804 1083

Fax 075 804 0552

mail: info@hotelcenacolo.com, hotelcenacolo@orahotels.com

http://www.hotelcenacolo.com

Südtirol

Kapuzinerkloster

Mitterlana

39011 Lana

Tel. 0473 561141

Einzelvereinbarungen.

Provinzhaus der Barmherzigen Schwestern

Laurinstr. 77

39012 Meran

Tel. 0473 442098

Unterkunft im Gästehaus für Kursteilnehmer.

Kloster Mater Salvatoris der Salvatorianerinnen

39012 Meran-Obermais

Tel. 0473 235049

Fax 0473 235195

mail: stprov@congsds.org

Willkommen sind Gäste, die religiöse Atmosphäre erleben wollen.

Benediktinerabtei Marienberg

Schlinig 1

39024 Mals

Tel. 0473 831306

Fax 0473 830663

mail: info@marienberg.it

http://www.marienberg.it

Kloster auf Zeit.

Kapuzinerkloster

Kapuzinerplatz 4

39031 Bruneck

Tel. 0474 411148

Fax 0474 411151

mail: bruneck@kapuziner.org

http://www.kapuziner-suedtirol.org/page-kloester/bruneck.htm

Beichtzentrum.

Franziskanerkloster Kaltern
Klöster/Zentrum Tau – Soziale Genossenschaft
Rottenburgplatz 3

39052 Kaltern

Tel. 0471 962244 (Guardian) 964178 (Projekt Tau)

mail: info@zentrum-tau.it

http://www.franziskaner.at/neuhaeuser/index.php?haus=17

http://www.zentrum-tau.it

Aussprachemöglichkeiten nach Vereinbarung.

Kapuzinerkloster zum heiligen Antonius von Padua
Wolkensteingasse 1

39100 Bozen

Tel. 0471 971143

Fax 0471 981629

mail: bozen@kapuziner.org

http://www.kapuziner-suedtirol.org/page-kloester/bozen.htm

Nur Einzelvereinbarungen.

Übriges Italien

Die hier aufgeführten Häuser ähneln sich in Standard und Betrieb. Die meisten werden von Schwestern geführt. Ausnahmen werden besonders erwähnt. Die Wahl des Interessenten richtet sich weitgehend nach der geographischen Lage.

Convento di Santa Maria ad Rupes
Michaeliterkonvent Via Santuario

01030 Castel Sant Elia (Viterbo)

Tel. 0761 557729

Aufnahme von Einzelnen, Familien und Gruppen zu Gebetstagen.

Abbazia die Santa Maria di Farfa

Via del Monastero

02030 Farfa Sabina (Rieti)

Tel. 0765 277065

Großes, von Schwestern geführtes Gästehaus der Benediktiner.

Abbazia di Casamari

03020 Casanasi (Frosinone)

Tel. 0775 282-371 oder -800

Fax 0755 283215

mail: abatedicasamari@virgilio.it

http://www.casamari.it

Nur für Männer, die den vollen Mönchsalltag mitleben wollen.

Abbazia di Montecassino

Piazza Corte

03043 Montecassino (Frosinone)

Tel. 0776 311 529 oder 32691

Fax 0776 24508

Einzelbesucher können auf schriftliche Anfrage bis zu einer Woche mit den Mönchen leben und mit Gästepatres Gespräche führen.

Istituto SS. Salvatore

Casa di Accoglienza

Via del Popolo 1

05018 Orvieto

Tel./Fax 0763 342 910

Casa di spiritualità Padri marianisti dell'abbazia Santa Fede

Via Santa Fede 92

10020 Cavagnolo (Turin)

Tel. 347 3044081

Fax 06 233245146

mail: info@istituti-religiosi-org

http://www.istituti-religiosi.org

Abbazia di San Michele della Chiusa

10059 Ciusa San Michele (Turin)

Tel. 011 939 130

Fax 011 939 706

mail: info@sacradisanmichele.com

http://www.sacradisanmichele.com

Santuario di Belmonte

10087 Valperga Canavese (Turin)

Tel. 0124 617204

Franziskanerhaus mit der Möglichkeit zum Mitleben.

Casa Ospitaliera del Gran San Bernardo
"Château-Verdun"

Via Flassin 1

11010 Saint-Oyen (Aosta)

Tel. 0165 782 47

Fax 0165 789512

mail: casagsb@gsbernard.ch/

http://www.gsbernard.ch/stoyen.htm

Cooperativa sociale Foyer de Charité

Soc. Coop

Fraz. Salera 3

11020 Emarese (Aosta)

Tel./Fax 0166-519132

mail: salera@foyer-de-charite.com, pierluigi.chiodaroli@tiscali.it

http://www.foyer-salera.it

Geistliche Übungen das ganze Jahr über.

Certosa di Pesio

12010 San Bartolomeo

Tel. 0171 738123

Fax 0171 738284

Aufenthalte für Selbstversorger im Kloster.

Comunità monastica di Bose

13887 Magnano

Tel. 015 679 185

Fax 015 679 290

http://www.monasterodibose.it

Schwestern und Brüder stehen für geistliche Besinnungszeiten unterschiedlicher Länge zur Verfügung.

Casa del Pellegrino

Via Santuralio 15

Rapallo Montallegro

16035 Rapallo (Genua)

Tel./Fax 0185 239 003

mail: gianluca.maffezzoni@libero.it

Ruhiges Pilgerhaus neben einer vielbesuchten Marienkirche.

Istituto delle Orsoline di Maria Immacolata

Via Aurelia Levante 54

16035 Rapallo (Genua)

Tel. 0185 232 014

Fax 0185 270 919

Nur für Alleinstehende und Familien.

Oasi Regina Pacis

Via dei Pellerano 6

16038 Santa Margherita Ligure (Genua)

Tel. 0185 286 842

Casa San Domenico

Via Roma 87

17021 Alassio (Savona)

Tel./Fax 0182 642 01

Zauberhafte Aussicht.

Istituto San Giuseppe

Via Carducci 20

17025 Loano (Savona)

Tel. 019 670 793

Villenartiges Schwesternhaus.

Casa al Mare dell'Incoronata

Regione Torbora 1

17026 Noli (Savona)

Tel./Fax 019 748 810

Istituto Madre Pie

Via Cesari 1

17026 Noli (Savona)

Tel. 019 748 475

Albergo regina Mundi

Viale Europa 57

17027 Pietra Ligure (Savona)

Tel. 019 615 859

Fax 019 616 433

Soggiorno La Conchiglia

Via S. Caterina 3

17028 Spotorno (Savona)

Tel. 019 745 850

Istituto San Francesco

Strada degli Arenzi 6

17024 Varigotti, Finale Ligure (Savona)

Tel. 019 698 8446

Fax 019 698 8891

mail: info@varigottisanfrancesco.it

http://www.varigottisanfrancesco.it/

Villa Garnier

Via Garnier 11

18012 Bordighera (Imperia)

Tel. 0184 261 833

Gastfreundliches Haus von Josefsschwestern.

Soggiorno Don Orione

Via Divina Providenza 1

18013 Diano Marina (Imperia)

Tel. 0183 498 108

Fax 0183 498 006

Ferienhaus von Schwestern hoch über der ligurischen Küste.

Villa Rossana

Localitá Vallesanta 7

19015 Levanto (La Spezia)

Tel. 0187 808 281

Schwestern vom Guten Hirten unterhalten dieses Haus nahe der Cinque Terre.

Soggiorno Padre G. Semeria

Viale P. G. Semeria 35

19016 Monterosso al Mare (La Spezia)

Tel. 0187 817514

Fax 0187 818 192

mail: psemeria@consorziotassano.it

http://www.padresemeria.com

Villa Adriana

Via IV Novembre 23

19016 Monterosso al Mare (La Spezia)

Tel. 0187 818 109

Fax 0187 818 128

mail: info@villaadriana.info

http://www.villaadriana.info

Monastero di Santa Croce del Corvo

Via S. Croce 30
19030 Bocca di Magra (La Spezia)
Tel. 0187 60911
Fax 0187 6091333
mail: info@monasterosantacroce.it
http://www.monasterosantacroce.it/

Sommeraufenthalte für Einzelne und Familien möglich.

Abbazia di Chiaravalle

Via S. Arialdo 102
20139 Mailand
Tel. 02 574 034 04
Fax 02 539 354 44
mail: s.m.chiaravalle@libero.it

Zisterzienserkloster, nur für Einzelne bis zu einer Woche.

Sanctuario de Carmine dei Patri Carmelitani

Via Fontanamonte 1
25010 San Felice del Benaco (Brescia)
Tel. 0365 620 32
Fax 0365 623 64
mail: carmine.accoglionza@tin.it
http://www.carmelit.org/sanfelice

Abbazia di San Nicola

Via Brescia 83
25050 Rodengo-Siano (BS)
Tel. 030 610182
Fax 030 6811009
mail: biblioteca.monastica@libero.it

Kloster auf Zeit, aber ohne Programm.

Pensione Villa Angela

Via Dante 13

25080 Toscolano Maderno (Brescia)

Tel./Fax 0365 641 730

Villa Maria Elisabetta

Via Zanardelli 180

25083 Gardone (Brescia)

Tel. 0365 202 06

mail: villa_elisabetta@virgilio.it

Benediktinerabtei Mater Ecclesia

Via Basilica 5

Isola di San Giulio

28016 Orta

Tel. 0322 905 010

Gästehaus für Besucher, die am Klosterleben teilnehmen wollen.

Hotel Il Chiostro

Via Fratelli Cervi 14

28921 Verbania Intra (Verbania)

Tel. 0323 404 077

Fax 0323 401 231

Collegio Antonio Rosmini

Via per Binda 47 (Via Manzoni 10)

28838 Stresa (Verbania)

Tel. 0323 311 89

Fax 0323 336 71

mail: collegio.stresa@rosmini.it

http://www.rosmini.it

Hotel Il Portico

Piazza Santuario

28822 Cannobio (Verbania)

Tel. 0323 705 89

Fax 0323 722 89

http://www.hotelilportico.com

Casa Cardinal Piazza

Cannaregio 3539/ A

30121 Venedig

Tel. 041 721 388

Fax 041 720 233

mail: info@istituti-religiosi.org

http://alberghi.regioneveneto.net/casa-cardinal-piazza-venezia

Istituto San Giuseppe

Ponte della Guerra, Castello 5402

30122 Venedig

Tel. 041 522 5352

Fax 041 522 4891

Patronata Salesiano Leone XIII

Castello 1281 (Calle San Domenico)

30100 Venedig

Tel. 041 240 3611

Fax 041 240 3610

mail: info@salesianiveneziacastello.it

Centro Culturale Don Orione Artigianelli

Zattere Dorsoduro 909/A

30123 Venedig

Tel. 041 522 4077

Fax 041 528 6214

mail: info@donorione-venezia.it

http://www.donorione-venezia.it

Casa Mons. Caburlotto

Santa Croce 316

Fondamenta Rizzi

30125 Venedig

Tel. 041 710 877

Fax 041 710 875

Centro Turistico Dolomiti Pio X

Via Roma 71

32040 Borca di Cadore (Belluno)

Tel. 0436 890 356

Fax 0436 9408

mail: info@piox.it, booking@piox.it

http://www.piox.it

Soggiorno Missionarie dell'Eucarestia

Via XXIX Maggio

432043 Cortina d'Ampezzo (Belluno)

Tel. 0436 863 817

Fax 0436 876 962

Albergo Termal Mamma Margherita

Hotels Abano Terme

Via Monteortone 63

35031 Abano Terme

Tel. 049 866 9350

Fax 049 667 286

Albergo Terme San Marco

Via Santuario 130

35031 Abano Terme

Tel. 049 866 9041

Fax 049 667 286

Collegio Universitario Antonianum

Via Donatello 24

35123 Padua

Tel. 046 876 8711

Fax 049 875 0102

Casa del Pellegrino

Via Cesarotti 21

35100 Padua (Padua)

Tel. 049 823 9711

Fax 049 823 9780

mail: info@casadelpellegrino.com

Santuario della Madonna del Frassino

Località Frassino 4

37019 Peschiera del Garda (VR)

Tel. 045 755055

Fax 045 7552063

In der Casa Francescana Unterbringung und Bewirtung.

Abbazia di San Giovanni Evangelista

Piazzale San Giovanni 1

43100 Parma

Tel. 0521 235 592

mail: URP@provincia.parma.it

http://www.commune.parma.it

Benediktiner, die das Mitleben im Kloster erlauben.

Abbazia di Vallombrosa

Padre Abate

Via San Benedetto 115

50060 Reggello

Tel. 055 862251 oder 055 86225229

Benediktiner, die Einzelgäste wochenweise für geistliche Einkehr aufnehmen.

Pensione Villa Linda

Via Poggio Gherardo 5

50135 Florenz

Tel. 055 603 913

Benediktinerinnenhaus.

Istituto Oblate dell'Assunzione

Borgo Pinti 15

50121 Florenz

Tel. 055 248 0582

Fax 055 234 6291

Pensioneto San Filippo Neri

Via dell'Anguillara 25

50122 Florenz

Tel. 055 211 331

Fax 055 215 701

Istituto Santa Zita

Via Nazionale 8

50123 Florenz

Tel. 055 239 8202

Haus der Heilig-Geist-Schwestern mitten in Florenz.

Casa Santo Nome di Gesu

Piazza del Carmine 21

50124 Florenz

Tel. 055 213 856

Fax 055 281 835

mail: info@fmmfirenze.it

http://www.fmmfirenze.it

Schwesternhaus in Arno-Nähe.

Istituto Suore di Sant'Elizabetta

Viale Michelangelo 46

50125 Florenz

Tel. 055 681 1884

mail: mabigus@tin.it

Villa Agape

Via Torre del Gallo 8/10

50125 Florenz

Tel. 055 220 044

Fax 055 233 7012

Istituto Suore di S. Giovanni Battista

Villa Merlo Bianco

Egr. Suora Claudia

Via di Ripoli 82

50124 Florenz

Tel. 055 680 2394

Fax 055 681 5228

Oasi Sacro Cuore

Via della Piazzola 4

50133 Florenz

Tel. 055 577 588 oder 055 574 662

Fax 055 574 887

Villa I Cancelli

Via Incontri 21

50139 Florenz

Tel. 055 422 6001

Fax 055 422 6037

Foresteria del Monastero di Camaldoli

Via Camaldoli

52010 Camaldoli (Arezzo)

Tel. 0575 556 012

Fax 0575 556 001

mail: monastero@camaldoli.it

Gästehaus des großen Benediktinerklosters Camaldoli, das neben Urlaubsaufenthalten auch Einkehrtage anbietet.

Santuario della Verna

Chiusi della Verna

52010 La Verna (Arezzo)

Tel. 0575 5341

Fax 0575 599 320

http://www.santuariodellaverna.com

Sehr ruhig gelegenes Kloster in franziskanischer Tradition.

Casa Betania

Via Gino Severini 50

52044 Cortona (Arezzo)

Tel. 0575 628 29

Fax 0575 628 29

Istituto Santa Margherita

Via Cesare Battisti 15

52044 Cortona (Arezzo)

Tel. 0575 630 336

Fax 0575 630 549

Monastero della SS. Trinità

Via San Niccolò 2

52044 Cortona (Arezzo)

Tel./Fax 0575 603 345

mail: muciana.cor@www.it, muciana.monastero@gmail.com

Zisterzienserkloster, in dem Einkehrtage für Einzelpersonen möglich sind.

Hotel Alma Domus

Via Camporegio 37

53100 Siena (Siena)

Tel. 0577 441 77

Fax 0577 476 01

Hotel Albergo Madonna di Loreto - Casa del Clero

Via Asdrubali 104

60025 Loreto (Ancona)

Tel./Fax 071 974 7218

mail: madonnadiloreto@libero.it

Casa San Francesco

Via San Francesco 15

60025 Loreto (Ancona)

Tel. 071 977 128

Fax 071 978 237

mail: albergo@casasanfrancesco.it

http://www.casasanfrancesco.it

Pensione Piemonte

Congregazione della Sacra Famiglia

Via Asdrubali 70

60025 Loreto (Ancona)

Tel./Fax 071 977 685

Istituto Sacra Famiglia di Madre Bonino

Via Trieste 41

60025 Loreto (Ancona)

Tel. 071 977 133

Convento di San Bernardino

Via Vittorio Veneto 1

67100 L'Aquila

Tel. 0862 22255

Fax 0862 420578

Für Männer, die mit den Franziskanern den Alltag teilen wollen.

Casa Santa Chiara

Via Santa Chiara 9

84010 Ravello (Salerno)

Tel. 089 857 145

Ein von Nonnen geführtes Klosterhotel für stille Tage über der Amalfi-Küste.

Albergo del Bosco Emmaus

Via Cassone 75

95019 Zafferana Etnea (Catania)

Tel. 095 708 1888

Fax 095 708 3824

http://www.albergoemmaus.it

Madonna Degli Ulivi

Via Umberto 266

95029 Viagrande (Catania)

Tel. 095 789 4177

Fax 095 789 5570

mail: booking@madonnadegliulivi.it

http://www.madonnadegliulivi.it

Parocchia Santa Maria Scala del Paradiso

Contrada Scala S. S. Noto-Palazzoto

96017 Noto (Syracus)

Tel. 0931 813141

Monastero San Benedetto

Contrada S. Giovanni

Via Mille 106/10

896017 Noto (Syracus)

Tel. 0931 891 255

Fax 0931 894 382

Albergo Domus Mariae

Via Vittorio Veneto 76

96100 Siracusa (Syracus)

Tel. 0931 248 54

Fax 0931 248 58

mail: htldomus@sistemia.it

http://www.sistemia.it/domusmariae/

Mosteiro de Santa Escolástica

4795-311 Roriz

Ranto Tirso

Tel. 0252 941232

Fax 0252 881525

mail: monjas.beneditinas@clix.pt

http://www.benedictines.rixensart.catho.be

Zwischen Porto und Braga gelegen. Ein Dutzend Zimmer für Familien und junge Menschen, Gemeinschaftsverpflegung.

Convento de Balsamão

Balsamão-Chacim Macedo de Cavaleiros

5340-091 Chacim

Tel. 078 461122

Gut ausgestattetes Gästehaus bei Bragance mit Vollpensionsangebot für Erholungssuchende.

Spanien

Convento-Santuario de Nuestra Señora de Cura

07629 Randa (Mallorca, Baleares)

Tel. 971 66 09 94

Fax 971 66 20 5225

Gästezimmer ohne Restauration, Franziskanerkloster.

Abadia de Montserrat

08199 Montserrat

Tel. 93 8350251

Fax 93 8284049

mail: jmcardona@abadiamontserrat.net

Benediktinerabtei mit 52 Gästezimmern mit Hotelbetrieb.

Santuaride Puiggraciós

Santuario de Puiggracios

08480 L'Ametlla del Vallés

Tel. 93 7445030

mail: benedictinespuiggracios@telefonica.net

Einzelgäste und Familien mit höchsten acht Tagen Aufenthalt in dem Benediktinerinnenkloster.

Monasterio de San Salvador

Plaza del Monasterio 1

09132 Palacios de Benaver (Burgos)

Tel. 947 450 209

Fax 947 450 262

Benediktinerkloster mit neun Gästezimmern für Männer und Frauen, gemeinsames Essen mit den Mönchen.

Monasterio Cisterciense de San Pedro de Cardeña

09193 Castrillo del Val (Burgos)

Tel. 947 290033

Fax 947 290075

mail: spc-hospederia@hotmail.com, ocsocardena@planalfa.es, spc-secretaria@hotmail.com

http://www.cardena.org

Nur für Männer, die das Leben mit den Zisterziensern teilen wollen.

Monasterio Nuestra Señora del Espino

Santa Gadea del Cid

09200 Miranda de Ebro

Tel. 947 359015

Fax 947 359041

Vollpensionsangebot, nur für Gruppen.

Monasterio de Santa María de la Vid

Ctra. De Soria, s/n

09491 La Vid (Burgos)

Tel. 947 530510 (10.00–13.30 Uhr, 16.30–19.30 Uhr)

Fax 947 530429

mail: licet@retemail.es

http://www.monasteriodelavid.org

Augustinerkloster mit 54 Gästezimmern für Männer und Frauen (bei Burgos).

Monasterio de San Jerónimo de Yuste

10430 Cuacos de Yuste (Cáves)

Tel./Fax 927 172130

mail: info@fundacionyuste.org

Vier einfache Zimmer für Männer, die mindestens eine Woche im Kloster leben wollen.

Monasterio de Santa Teresa de Avila

20210 Lazkao (Guipúzcoa)

Tel. 943 880170

Vollpension und Mitleben mit den Benediktinern, soweit gewünscht.

Monasterio de N. S. de la Anunciación

Mayor, 31

26250 Santo Domingo de la Calzada (La Rioja)

Tel. 941 340860, 340700

Fax 941 343304

mail: restaurador@cister-lacalzada.com

http://www.cister-lacalzada.com

Zisterzienserinnen, Gästetrakt für Männer und Frauen auf dem Jakobsweg.

Abadia Benedictina de la Santa Cruz del Valle de los Caídos

Valle de los Caídos 28029
28029 San Lorenzo (Madrid)
Tel. 91 890-5411/-8073
Fax 91 8905594
mail: abadia-valle@ctv.es

Zwei Gästehäuser für Männer im Kloster und 110 Zimmer außerhalb für Sommerurlauber.

Monasterio de San Benito

31200 Estella
Tel. 948 550882

Für Pilger auf dem Jakobsweg nach Compostela und Menschen,die die Liturgie der Benediktiner mitfeiern wollen.

Hotel Hospedería de Leyre

31410 Yesa (Navarra)
Tel. 948 884100
Fax 948 884137
mail: hotel@monasteriodeleyre.com
http://www.monasteriodeleyre.com

Monasterio Santa Maria de la Caridad

31522 Tulebras
Tel. 948 851475
Fax 948 850012
mail: ocsocari@planalfa.es

Zisterzienserinnen, Einkehrtage für Männer und Frauen.

Monasterio de S. María le Real Osera

32136 Osera
Tel. 988 282004
Fax 988 282528

Trappisten; ehem. Zisterzienserkloster mit 14 Gästezimmern, Aufenthalt höchstens eine Woche.

Real Monasterio de San Pelayo

Calle San Vicente 11 s/n.

33003 Oviedo (Asturias)

Tel. 98 5218981

Fax 98 5222442

mail: mspelayo@telefonica.net

http://www.monasteriosanpelayo.com

Benediktiner bieten Aufenthalte für Ehepaare und Frauen bis zu acht Tagen, wenn sie das Mönchsleben teilen wollen.

Monasterio y Santuario de Nuestra Señora de La Peña de Francia

Peña de Francia, s/n

37620 La Alberca (Salamanca)

Tel. 923 164179

Fax 923 164000

mail: pdef@verial.es

Sommeraufenthalte in dem aus dem 15. Jahrhundert stammenden Dominikanerkloster.

Monasterio Casa de la Trinidad

39150 Suesa (Cantabria)

Tel. 942 510021

Fax 942 510 129

mail: MONTRINI@terra.es

http://www.parrocchie.it/civo/suesa/monjastrinitarias.htm

35 Gästezimmer für jedermann.

Convento-Santuario de Nuestra Señora de Montesclaros

39417 Montesclaros (Cantabria)

Tel./Fax 942 770559

Monasterio San Juan de la Cruz

Alamenda de la Fuencisla, s/n

40003 Segovia

Tel. 921 431349

Fax 921 431650

mail: info@turismodesegovia.com

Karmeliter, 40 Gästezimmer und Konferenzräume.

Monasterio Santa María del Parral

c/s Subida del Parral 2

40003 Segovia

Tel. 921 431298

Fax 921 422592

mail: oshsmparral@planalfa.es

Für Männer, 23 Zimmer, maximal eine Woche, Gemeinschaftsessen mit den Mönchen.

Convento de Nuestra Señora de los Ángeles

c/ Carretería 35

41008 Constantina

Tel. 95 588 11 66

Vier Personen können als Gäste in einem schlichten Neubaukloster in Andalusien untergebracht werden.

Monasterio de Santa María de Huerta

42260 Santa Maria de Huerta (Soria)

Tel. 975 327002; Gastzimmer: 620 132223

Fax 975 327397

mail: huerta@monasteriohuerta.org; huerta@planalfa.es

http://www.monasteriohuerta.org

Vollpension für Männer und Frauen bei den Zisterziensern.

Monasterio de Nuestra Señora del Olivar

Communidad de Religiosos Mercedarios

44558 Estercuel (Teruel)

Tel. 978 752300 und 727009 (vorzugsweise 14.00–15.00 Uhr und 21.00–22.30 Uhr)

mail: elolivar@arrakis.es

Vollpensionsangebot für Familien.

Monasterio S. Corazones de Jesús y María

Calle Rodriguez Chico 80

47500 Nava del Rey - Valladolid

Tel. 983 850189

Fax 983 850780

mail: capuchinasnava@planalfa.es

Kapuzinerkloster, größeres Angebot für junge Menschen.

Großbritannien

Belmont Abbey of Saint Michael and All Angels

Hereford HR2 9RZ

Tel. 01432 277388

Fax 01432 277597

mail: procoffice@aol.com

http://www.belmontabbey.org.uk

Benediktiner, Gästehaus mit Hotelkomfort und Vollpension.

All Hallows Convent

Belsey Bridge Raod, Dirchingham

Bungan, Suffolk NR35 2DT

Tel. 01986 892749

Fax 01986 895830

Anglikanische Mönche, breites Hotelangebot in vier Häusern.

The Garden Ecton House-Church Way
Ecton, Northampton VN6 OQE
Tel. 01604 406442
Fax 01604 787052

Anglikanische Mönche, 27 Zimmer mit Hotelbetrieb.

Saint Michael's Abbey
280 Farnborough Road
Farnborough, Hampshire GU14 7NQ
Tel. 01252 546105
Fax 01252 372822
mail: prior@farnboroughabbey.org/

Benediktiner, nur Männer zugelassen, im Sommer Sonderprogramme für Jugendliche.

Marygate House
Beswick-upon-Tweed, Holy Island
Northumberland TD12 2SD
Tel./Fax 01289 389246
mail: ian@marygateho@freeserve.co.uk
http://www.marygatehouse.org.uk

Religiöse Gemeinschaft mit zwei Gästehäusern für Einkehrzeiten.

The Warden – The Iona Community
Accomodation at The Mac Leod Centre & Abbey
Isle of Iona, Argyll PA76 6SN
Tel. 01681 700404
Fax 01681 700460 16
mail: ionacomm@iona.org.uk
http://www.iona.org.uk

Zimmer, Einkehrtage mit rigoroser Diät.

Ealing Abbey

Charlbury Grove

London W5 2DY

Tel. 0208 8622100

Fax 0208 8622206

mail: ealingmonk@aol.com

http://members.aol.com/ealingmonk/index2.htm

Benediktinerkloster mit Gästezimmern für Männer und Frauen, aber ohne Klausurzugang.

Priory of Saint Mildred's Abbey

Minster Abbey, Ramsgate

Kent CT12 4HF

Tel. 01843 821254

Benediktiner, Hotelbetrieb im Frühjahr und Sommer.

Carberry Tower

Residential Conference Centre

Carberry, Musselburgh

Musselburgh EH21 8PY (Schottland)

Tel. 0131 6653135

Fax 0131 6532930

Breites Hotelangebot für alle Bedürfnisse.

Pluscarden Abbey

Elgin, Morayshire

Pluscarden IV30 8UA (Schottland)

Tel./Fax 01343 890258

http://www.pluscardenabbey.org

Benediktiner, zwei Gästehäuser, organisierte Einkehrtage mit Meditationsprogrammen.

Saint Augustine's Abbey

St. Augustine's Road

Ramsgate, Kent CT1 9PA

Tel. 01843 593045

Fax 01843 582732

mail: staugabbey@aol.com

Benediktiner, maximal zwei Wochen Aufenthalte in sechs Zimmern für Männer.

Lichfield Diocesan Retreat & Conference Centre

Warden Shallowford House

Norton Bridge, Stone

Staffs ST15 0NZ (Staffordshire)

Tel. 01785 760233

Fax 01785 760390

Anglikanische Kanoniker, 27 Zimmer mitten im Grünen.

Downside Abbey

Oval House

Stratton-on-the-Fosse, Somerset BA3 4RB (Bath)

Tel./Fax 01761 232183

mail: mellotte@metronet.co.uk

http://www.mellotte.clara.co.uk

Benediktiner, Unterkunft in naheliegendem Gästehaus des Klosters.

Coleg Trefeca

College Lane

Porecon

Powys LD3 0PP (Wales)

Tel. 01874 711423

Fax 01874 712212

mail: post@trefeca.org.uk

http://www.trefeca.org.uk

Presbyterianer, 20 Doppelzimmer.

Whalley Abbey – Blackburn Diocesan Conference & Retreat House

The Sands, Whalley

Clitheroe BB7 9SS (Lancashire)

Tel. 01254 828400

Fax 01254 825519

mail: office@whalleyabbey.org

http://www.whalleyabbey.co.uk

Gut ausgerüsteter Hotelbetrieb.

Douai Abbey

Upper Woolhampton

Reading, Berkshire RG7 5TQ

Tel. 0118 97-5300, bzw. -5399 (guestmaster)

Fax 01118 97-5303

mail: info@douaiabbey.org.uk bzw. guestmaster@douaiabbey.org.uk

http://www.douaiabbey.org.uk

Benediktiner, 16 Gästezimmer für Männer und Frauen.

Irland

Convent of Saint Mary Immaculate of The Rosary – St. Mary's Priory

Dominican Reteat Centre

Tallaght Village, Dublin 24

Tel. 01 4048-100, Retreat Centre: -189 u. -123

Fax 01 4596-784, Retreat Centre: -080

mail: retreats@dominicanstallaght.org

http://www.goodnews.ie/tallaghthome.htm

Dominikaner, eigenes Zentrum für Einkehrtage mit 40 Zimmern.

Bolton Abbey

Moone, Kildare

Tel. 05986 24102

Fax 05986 24309

mail: enquiry@boltonabbey.ie

http://www.boltonabbey.ie

Zisterzienser, nur für Männer, die aber im Kloster mitleben.

Mount Saint Joseph Abbey

Roscrea, Co. Tipperary

Tel. 0505 21711

Fax 0505 22198

mail: info@msjroscrea.ie

http://www.msjroscrea.ie

Zisterzienser, 24 Gästezimmer, Aufenthalte bis zu zwei Wochen erlaubt.

Niederlande

Zusters Augustinessen van Sint Monica

Kontaktperson: Zr. Prospera Laan

Warmoestraat 159

1012 JC Amsterdam

Tel. 020 530 1400

Fax 020 530 1401

mail: amsterdam@zustersaugustinessen.nl

http://www.zustersaugustinessen.nl

De Stad Gods

Kontaktperson: Zr. Aume Nij Bijvank

Soestdijkerstraatweg 151

1213 VZ Hilversum

Tel. 035 6852546

Fax 035 6823504

mail: hilversum@zustersaugustinessen.nl

http://www.zustersaugustinessen.nl

Sint Adalbertabdij

Abdijlaan 26

1935 BH Egmond-Binnen

Tel. 072 5061415

Fax 072 5064834

De Stad Gods

Kontaktperson: Zr. Stella van der Sneppen

Waterstraat 2

3511 BW Utrecht

Tel. 030 2332541

Fax 030 2439545

mail: utrecht@zustersaugustinessen.nl

http://www.zustersaugustinessen.nl

Onze Lieve Vrouwe Abdij

Äbtissin Benedicta Meulenberg OSB

Zandheuvel 90

4901 HX Oosterhout

Tel. 0162 453296

Sint Paulusabdij

Hoogstraat 80

4901 PK Oosterhout

Tel. 0162 453394; Gästehaus: 0162 428385

Fax 0162 425311

Monasterium Sint Josephberg

Clarastraat 2

5366 AK Megen

Tel. 0412 462314

Fax 0412 463120

Rooms Kath. Klooster Augustinessen St. Monica

Statensingel 173

6211 KP Maastricht

Tel. 043 3213937

Abbaye des Prémontrés de Bois-Seigneur-Isaac

2, rue A. de Moor

1421 Ophain-Bois-Seigneur-Isaac

Tel. 067 892420

Fax 067 892429

mail: abdij@abdijaverbode.be

http://www.abdijaverbode.be

Prämonstratenser mit einem Gästehaus für Einkehrtage.

Abdij Affligem

Abdijstraat 6

1790 Affligem/Hekelgom

Tel. 053 667025

Fax 053 681190

http://www.abdijaffligem.be

Benediktiner bieten individuelle Einkehrtage und Erholung.

Priorij O. L. Vrouw van Klaarland

Vosheuvelstraat 39

3950 Bocholt

Tel. 011 446169

Fax 011 446044

mail: prijorij.klaarland@skynet.be

Trappisten; Klosterräume nur für Einzelbesucher, die stille Einkehr suchen.

Abbaye de la Paix Notre Dame

Boulevard d'Avroy 54

4000 Liège

Tel. 04 223 77 20

Fax 04 223 35 80

mail: abbaye.pnd@skynet.be

Einzel- und Gruppenaufenthalte im Benediktinerkloster.

Abbaye Notre Dame du Val-Dieu

Communauté Chrétienne de Val-Dieu, ASBL
Rue Val-Dieu 227
4880 Aubel
Tel. 087 69 28 28
Fax 087 69 28 23
mail: abbaye@val-dieu.net; recteur@val-dieu.net
http://www.evolutionbuilder.com/val-dieu

Zisterzienser, 20 Zimmer und Appartements für Erholung und Wochenende mit den Mönchen.

Abbaye Notre-Dame de Clairefontaine – Abbaye de Cordemois

Cordemois, 1
6836 Bouillon
Tel. 061 22 90 80
Fax 061 22 90 81
mail: secretariat.clairefontaine@skynet.be

Trappisten, 20 Zimmer in einem Gästeflügel.

Sint-Andriesabdij Zevenkerken

Zevenkerken 4
8200 Sint-Andries Brugge
Tel. 050 40180
Fax 050 406192
mail: administratie@sint-andriesabdij.org/
http://www.sint-andriesabdij.org/

Gästehaus für erholsame Tage.

Norwegen

Utstein Kloster

4156 Mosterøy

Tel. 051 72 47 05

Fax 051 72 47 08

mail: info@utstein-kloster.no

http://www.utstein-kloster.no

Augustinerabtei, Gästetrakt für bis zu 30 Personen.

Finnland

Valamon Luostari

Valamontie 42

79850 Uusi-Valamo (Kuopio)

Tel. 017 570-111 sowie -520

Fax 017 5701 510

mail: arkkimandriitta.sergei@valamo.fi

http://www.valamo.fi

Orthodoxe Mönche, Hotelbetrieb.

Kroatien

Samostan Sv. Petra Ap.

Jadranska Obala 17

51557 Cres (Dalmatien)

Tel. 051571010

Benediktiner, geistliche Einkehr für wenige Tage in kleinen Gruppen möglich.

Klosterberg Athos, nur für Männer zugelassen. Zwanzig Klöster mit 2000 Mönchen bieten relativ gut organisierte Gästeunterkünfte.

Pilgerbüro der Heiligen Gemeinde des Athos in Thessaloniki
Herr Gikas (spricht Englisch und Französisch)
Egnatia Odos 109
54639 Thessaloniki
Tel. 0030-2310-252578 (Mo.–Fr. 9.00–16.00 Uhr)
Fax 0030-2310-222424
Athos im Internet:
www.agioros.com
www.lectus.gr
www.inathos.gr

Beim Generalkonsulat der BRD in Thessaloniki ist ein „Merkblatt über den Besuch des Hl. Berges Athos" erhältlich.

Chilandar
Orthodox

Dionysiou
Griechisch orthodox

Dochiariou
Griechisch orthodox

Esfigmenou
Griechisch orthodox

Grigoriou
Griechisch orthodox

Aghiou Pavlou
Griechisch orthodox

Karakallou
Griechisch orthodox

Koutloumousiou
Griechisch orthodox

Megisti Lavra
Griechisch orthodox

Pantocratoras
Griechisch orthodox

Filothèou
Griechisch orthodox

Simonos Petros
Griechisch orthodox

Stavronikita
Griechisch orthodox

Vatopedi
Griechisch orthodox

Xenofontos
Griechisch orthodox

Zográfou
Bulgarisch orthodox

Ungarn

Jésus Szíve Növék Társasága

Stafford Shannon Patricia SDHS

Wlassics Gyula u. 84/b

1181 Budapest

Tel. 1 2909674

Fax 1 2909674

mail: SDSHhun@dpg.hu

Neues Kloster, Einkehr- und Gebetstage.

Polen

Karmelici Bosi

Ul. Swietoduska, 14

20082 Lublin

Tel. 081 5320244

Fax 081 5344460

mail: wsdlublin@karmel.pl

Unbeschuhte Karmeliter, nur bis zu zweitägige geistliche Übungen mit den Mönchen möglich.

Opátstvo Tyniec Benediktínske

Ulica Benedyktynska 37

30375 Kraków-Tyniec

Tel. 012 688 52 00

Fax 012 688 52 01

mail: tyniec@benedyktyni-pl

http://www.tyniec.benedyktyni.pl

Benediktiner, Kloster auf Zeit, aber ohne eigenes Programm.

Wallfahrtszentrum

Ulica Bernadynska

3634130 Kalwaria Zebrzydowska

Zahlreiche Pilgerhäuser.

Klasztor oo. Paulinów, Jasna Góra

Ulica o. A. Kordeckiego

242225 Czestochowa

Tel. 034 377 77 77

Fax 034 365 67 28

mail: sanktuarium@jasnaogora.pl

http://www.jasnagora.pl

Paulinerpatres, Pilgerhaus mit 100 Betten.

Estland

Kloster Dormition de Pühtitsa

41201 Kuremäe, Illuha vald,

Ida-Virumaa

Tel. 372 339 2124

Russisch orthodox, Hotelbetrieb.

Von Abt bis Zölibat
Alphabetischer Führer durch das Klosterleben

Aus dem reichen fachlichen Wortschatz des klösterlichen Lebens sollen die folgenden, besonders häufig vorkommenden Begriffe möglichst kurz zum sofortigen Verständnis definiert werden.

Abt bzw. die weibliche Form „Äbtissin" leitet sich aus dem aramäischen „aba" (griech. und lat. „abbas", „Vater") ab. In der Benediktsregel wird der Abt als geistlicher „Herr" und „Vater" gesehen, dem die Mönche gehorchen. Im Abt begegnen die Mönche Christus selbst. Er ist der Vorsteher einer Mönchsgemeinschaft.
Abtei meint ein selbständiges Kloster, das unter der Leitung eines Abtes/einer Äbtissin eigenständig lebt und wirtschaftet.
Amen heißt soviel wie „So sei es" und drückt die Zustimmung zu einem Gebet oder einer Fürbitte aus.
Anachoreten in der Einsamkeit streng asketisch lebende Einsiedler.
Armut Einer der drei Evangelischen Räte. In manchen Orden werden die Mitglieder zur persönlichen Armut verpflichtet. Sie haben keinerlei persönliche Verfügungsrechte über weltlichen Besitz.
Askese Weg zur christlichen Vollkommenheit durch Verzicht und Abtötung von Begehren.
Augustiner heißen alle Ordensgemeinschaften, die sich auf die Augustinerregel aus dem vierten Jahrhundert beziehen, im engeren Sinne werden als Augustiner nur die Chorherren verstanden.
Barmherzige Brüder/Schwestern bilden eine ganze Gruppe von Orden, die sich vor allem der Pflege von Kranken, Alten und Behinderten widmen.
Benediktiner/innen der älteste Mönchsorden der abendländischen Kirche. Besondere Pflege der Liturgie, Wahlspruch: Ora et Labora, Bete und arbeite. Vgl. auch S. 16.

Bettelorden lat. Mendikanten, sind Orden, die keine festen Einkünfte haben und von Almosen leben wie Franziskaner, Dominikaner (vgl. S. 16f.) und Kapuziner.

Birett verschiedenfarbige viereckige Kopfbedeckung (schwarz für Priester, violett für Bischöfe und rot für Kardinäle)

Bischof Nachfolger der Apostel; er leitet ein Bistum oder Diözese und verfügt unter der Hoheit des Papstes über Lehr-, Priester und Hirtenamt.

Brevier Stundengebet, das zu bestimmten Zeiten des Tages verrichtet wird, in Klöstern in gemeinsamer Form. Die Tagzeitengebete heißen Matutin (frühes Morgengebet; aus dem Wort leitet sich „Mette", wie in „Christmette" ab), Laudes (Lobgesänge: Morgengebet), Prim, Terz, Sext, Non (nach der ersten, dritten, sechsten und neunten Stunde des Tageslichts), Vesper (Abendgebet, liturgischer Abendgottesdienst) und Komplet (Nachtgebet). Vigil (Nachtwache) heißt das Nachtgebet, wenn es zur Nachtzeit, etwa um 2.00 bis 3.00 Uhr verrichtet wird. Das Buch für das tägliche Stundengebet wird ebenfalls Brevier genannt.

Brüder lat. „frater", heißen die nichtpriesterlichen Mönche. Im Gegensatz zu ihnen haben die Patres die Priesterweihe. In vielen Orden verwischen sich heute die Grenzen, und alle Mönche lassen sich Pater nennen.

Cellerar nennt man den Klosterverwalter.

Chor grenzte im alten Griechenland für kultische Tänze vorbehaltene Flächen ab. In der Kirche bezeichnete Chor zuerst den Raum für die Sänger (Chorraum). Der Dienst, der hier vollzogen wird, ist danach benannt: Chordienst, Chorgebet.

Choral leitet sich als der Gesang der Mönche vom Chorraum ab. Ein- oder mehrstimmiger Gesang des Stundengebetes oder der Messtexte.

Chorherren lat. Kanoniker: ohne Ordensgelübde Prälaten, die den Chordienst an bestimmten Kirchen versehen. Mit Ordensgelübde sind es Ordensleute, die in einem Stift zusammen leben und durch das gemeinsame Chorgebet verbunden sind.

Cluny Die Cluniazensische Reform war die bedeutendste Reform der Mönchsorden, in Deutschland durch das Kloster Hirsau vertreten. Sie forderte die strenge Befolgung der Benediktinerregeln und Unabhängigkeit von bischöflichen Einflüssen, deshalb sollten die Orden direkt dem Papst unterstellt werden.

Deutscher Orden als Ritterorden in Akkron 1190 gegründet, heute ein Klerikerorden mit überwiegend sozialen Aufgaben.

Diakon Stand mit Weihen unterhalb der Priester.

Dominikaner berühmter Predigerorden, vor allem der Theologie verpflichtet, wichtigster Träger der Inquisition. Vgl. S. 16f.

Dormitorium Schlafraum der Mönche, heute der Gebäudeteil, in dem die Zellen gelegen sind.

Einkleidung die feierliche Übergabe der Ordenstracht der religiösen Orden.

Eremit in der Einsamkeit lebender Mensch, der sich durch Gebet und Buße Gott weiht.

Evangeliar liturgisches Buch mit den vier Evangelien.

Evangelische Räte Empfehlungen aus dem Evangelium, die freiwillig befolgt werden: Keuschheit, Armut, Gehorsam. Sie gehören zu den Ordensgelübden.

Fasten zeitweiliger teilweiser oder völliger Verzicht auf Nahrung als Zeichen der Reinigung, des Opfers und der Sühne.

Franziskaner Bettelorden, Teil der auf den heiligen Franziskus zurückgehenden, um das 12. Jahrhundert gegründeten Ordensfamilie, gemeinsames äußerliches Kennzeichen ist der weiße Strickgürtel zum Ordensrock. Vgl. S. 17.

Gelübde ein feierlich Gott gegebenes Versprechen, in dem sich der Gelobende zu etwas zeitlich oder lebenslänglich verpflichtet. In den Orden sind es die Evangelischen Räte Gehorsam, Armut und Keuschheit.

Gewänder liturgische, gehen auf Amtstrachten in der Spätantike zurück und unterscheiden die Priester bei liturgischen Handlungen nach festen Vorschriften für Feiertage und Feierlichkeiten.

Gregorianischer Gesang der einstimmige, offizielle liturgische Gesang.

Guardian bei den Franziskanern der Obere eines Konventes.

Habit Ordensgewand der Mönche: Tunika als Untergewand, Zingulum als Gürtel, die Kapuze, das Skapulier und die Kukulle, ein faltenreiches Übergewand.

Hirsauer Reform vgl. Cluny. Die von dort ausgehende Ordensreform wurde in Deutschland vom Schwarzwaldkloster Hirsau aufgegriffen und verbreitet.

Ikone nach strenger Vorschrift gefertigte Heiligenbilder.

Jesuiten die Gesellschaft Jesu (Societas Jesu, SJ) gilt als intellektuellster Klerikerorden. Bildungsarbeit ist eines ihrer wichtigsten Betätigungsfelder; in jüngerer Zeit sind sie vor allem mit der Studentenseelsorge betraut. Jesuiten tragen keine Ordenskleider. Vgl. S. 18.

Kapitel Textabschnitt der Bibel oder Versammlung von festgelegten Autoritäten (eines Konvents, eines Bistums oder eines Ordens)

Kapuziner lat. Ordro Fratrum Minorum Capuccinarum, CFMCap, neben Franziskanern und Konventualen der dritte selbständige Zweig des Ersten Ordens des Franz von Assisi. Der Orden wurde im frühen 16. Jahrhundert als Reform der Franziskanerobservanten (strenge Armut und Betonung des Eremitenlebens) gegründet und breitete sich rasch aus.

Karmeliten vom Berg Karmel in Palästina und den dort lebenden Eremiten hergeleitete Bezeichnung. Ein kontemplativer Orden in zwei nach Strenge gegliederten Zweigen: beschuhte und unbeschuhte Karmeliten bzw. Karmelitinnen.

Kartäuser streng kontemplativer Mönchsorden, deren Mitglieder selbst im Kloster vereinzelt und gesondert nebeneinander leben. Vgl. S. 18.

Keuschheit einer der drei evangelischen Räte, im streng religiösen Sinn meint sie totale sexuelle Enthaltsamkeit.

Kirchenrecht lat. Kanonisches Recht heißt die Gesamtheit der

Bestimmungen, Dekrete und Gesetze, die Päpste, Konzile und Bischöfe erlassen haben.

Klausur von lat. „claudere", „schließen", legt den abgeschlossenen Gebäudeteil fest, den nur die Mönche oder Nonnen betreten dürfen.

Kloster von lat. „claustrum", ist ein abgeschlossener Ort, in dem abgeschieden von der Außenwelt Gemeinschaften leben.

Kongregation im Zusammenhang der Orden handelt es sich dabei um Zusammenschlüsse von mehreren Klöstern unter einem gemeinsamen Oberen.

Kontemplation meint das betrachtende Gebet.

Konvent sämtliche Mitglieder eines Klosters, auch Bezeichnung für ein Kloster.

Kreuzgang ein gedeckter Wandelgang um den Innenhof eines Klosters, wo bei Prozessionen das Kreuz vorangetragen wird.

Liturgie die geregelte Form des Gottesdienstes.

Messe bezeichnet die Feier der Eucharistie, stammt vom lat. Wort „missa" ab. „Ite, missa est" („Geht, es ist Entlassung/Abschied/Sendung") als Ruf zur Entlassung der Gläubigen gehört zu den ältesten Messriten der römischen Kirche.

Missionsorden heißen Orden, die sich der Verbreitung des Evangeliums in nichtchristlichen Ländern verschrieben haben.

Mitra liturgische Kopfbedeckung der Bischöfe mit zwei Bändern, die beiden spitz zulaufenden Schilde symbolisieren Altes und Neues Testament.

Mönch von griech. „monachós", „einer, der sich absondert". Der Mönch sucht die Einsamkeit (Wüste, Natur, unbewohnte Gegend) auf, um ungestört der betenden und meditierenden Gottsuche nachgehen zu können. Ursprünglich war er ein Einsiedler, der sich dann mit anderen zu gegenseitiger Hilfe zusammenschloss.

Mystik Gotteserfahrung, die gewöhnliche Kenntnisse oder alltägliches Bewusstsein übersteigt.

Nekrologien Totenbücher, die verstorbene Mitglieder von kirch-

lichen Gemeinschaften mit ihren jährlichen Gedenktagen auf-
listen.

Nonne von lat. „nonna", „Amme". Angehörige eines Frauenor-
dens, auch Ordensschwester genannt.

Noviziat Probezeit von einem Jahr (oder auch länger), in dem der
Novize/die Novizin sich im klösterlichen Leben erproben kann,
bevor er/sie die ewigen Gelübde ablegt.

Oblate Laienbruder; Mitglied einer religiösen Gemeinschaft mit
einfachen Gelübden.

Observanz meint die strenge Beachtung einer Ordensregel.

Oratorianer sind Mitglieder einer Vereinigung von Weltpries-
tern im Gegensatz zu Ordenspriestern.

Orden von lat. „ordo", „Ordnung". Stand, dem eine festgelegte
gemeinschaftliche Lebensweise zugrunde liegt, auf die die Mitglieder sich durch Gelübde verpflichten.

Ordenskleid die Ordenstracht, die von der Gemeinschaft als ver-
bindliche Kleidung für alle Mitglieder festgelegt worden ist.

Ordensregeln die Grundregeln einer Ordensgemeinschaft; die
älteste ist die Augustinerregel, die verbreitetste die des Heiligen
Benedikt aus dem sechsten Jahrhundert.

Orthodoxe Kirche „rechtgläubige" Kirchen des Ostens, die nach
der Trennung von der lateinischen Kirche 1054 im ehemaligen
Reichsgebiet von Ostrom (Byzanz) und dessen Missionen entstanden sind.

Pallottiner nach dem italien. Priester Pallotti. In Deutschland ist
daraus die Schönstatt-Bewegung von Priestern ohne Gelübde,
aber gemeinsamem Leben mit Schwerpunkt auf der Seelsorge
entstanden.

Patron gewöhnlich Schutzpatron oder Namensgeber einer Kirche, dessen Vorbild sich die Gemeinde besonders verpflichtet
fühlt.

Paulaner strenger Orden mit einem Gelübde lebenslangen Fastens.

Pfarrei katholisch der kleinste kirchenrechtliche Verband in einem Bistum.

Pontifikalien höheren Prälaten vorbehaltene Insignien, ein Pontifikalamt ist eine besonders feierliche, von einem Bischof oder Prälaten geleitete Messe mit liturgischem Tragen von Mitra und Hirtenstab.

Postulat Probezeit in Ordensgemeinschaften.

Prälat Inhaber höherer kirchlicher Ämter, Ehrentitel als Auszeichnung.

Prämonstratenser strenger Orden mit einem Leben in völliger Armut und tiefem Schweigen. Vgl. S. 19.

Prior ist der zweite Obere einer Abtei nach dem Abt oder der Leiter eines Klosters, das einer Abtei unterstellt ist.

Profess Bekenntnis, öffentliche Ablegung der Gelübde, der Evangelischen Räte Armut, Keuschheit, Gehorsam. Nach dem Noviziat legt der Bewerber oder die Bewerberin eine „zeitliche Profess" ab, begrenzt auf einige Jahre, später dann die „ewige" oder „feierliche" Profess, mit der sich der Mönch oder die Nonne für immer bindet.

Propst erster Würdenträger eines Domkapitels.

Provinz ein regionaler Zusammenschluss von Bistümer oder Ordensniederlassungen. Ihr Leiter wird Provinzial bezeichnet.

Redemptoristen der Volksmission verpflichteter Orden. Vgl. S. 19.

Refektorium Der Speisesaal eines Klosters. Nach alter Tradition wird während der Mahlzeiten geschwiegen.

Requiem Totenmesse, benannt nach dem Gebet: „Requiem aeternum dona eis, Domine." – „Die ewige Ruhe gib ihnen, o Herr".

RIP „Requiescat in pace", „Er/sie möge in Frieden ruhen."

Ritterorden während der Kreuzzüge im zwölften Jahrhundert im Heiligen Land zum Schutz und zur Versorgung der Pilger gegründete Rittergemeinschaften mit Gelübden.

Ritus der Kult, nach dem liturgische Handlungen vollzogen werden. Nach dem Ritus werden auch unterschiedliche christliche Kirchen bezeichnet: östlicher oder byzantinischer Ritus etwa für orthodoxe Kirchen.

Rosenkranz ein betrachtendes Sühne- und Bitt-Gebet. Die dazu gehörenden Gebete werden symbolisch als „Kranz geistlicher Rosen" aufgefasst. Der Rosenkranz besteht aus 15 Vaterunsern mit jeweils 10 Ave Maria und 15 Ehre-seidem-Vater, denen 15 Ereignisse aus dem Leben Jesu und Marias, die sog. „Gesätze" (Geheimnisse) zugeordnet sind. Nach dem Inhalt der Gesätze unterscheidet man zwischen dem freudenreichen, dem schmerzensreichen und dem glorreichen Rosenkranz. Die einzelnen Gebete werden an einer Schnur abgezählt, die aus sechs größeren Perlen (für das Vaterunser) und 53 kleineren (für das Ave Maria) besteht und in einem Kreuz endet. Papst Johannes Paul II. hat das Rosenkranzgebet noch erweitert.

Sakramente nach katholischem Glauben sieben sichtbare Zeichen, die dem Menschen die Gnade Gottes vermitteln: Taufe, Firmung, Eucharistie, Buße, Krankensalbung (früher Letzte Ölung), Priesterweihe und Ehe.

Sakristei Umkleideraum für die Messe und Aufbewahrungsort liturgischer Geräte und Gewänder.

Säkularinstitut Gemeinschaften von Menschen, die auf die Evangelischen Räte verpflichtet sind, aber in ihrer weltlichen beruflichen und familiären Umgebung bleiben.

Säkularisation Verweltlichung, meint aber gewöhnlich die Enteignung des Kirchenbesitzes am Beginn des 19. Jahrhunderts.

Salesianer Orden, der sich besonders um verwahrloste Jugendliche kümmert durch Erziehung und Berufsausbildung. Vgl. S. 19.

Scholastik im Mittelalter entstandene systematische Ordnung der Theologie, Hauptvertreter ist Thomas von Aquin.

Silentium verordnetes Stillschweigen. Trappisten sind ihm für immer verpflichtet.

Spiritual Leiter der spirituellen Ausbildung in Priesterseminaren.

Steyler Missionare Missionsorden, der durch fromme Schriften bekannt wurde.

Stift bezeichnet die Klöster, die (im Mittelalter) mit Grundvermögen ausgestattet und von Staat und Kirche zur juristischen

Person erhoben worden sind. Die Mitglieder heißen Stiftsherren oder Kanoniker.

Stundengebet siehe „Brevier".

Tischlesung bei Mahlzeiten vorgetragene Lesungen in Klöstern.

Tonsur Bei der Weihe von Klerikern schneidet der Bischof an fünf Stellen Haarbüschel ab als Zeichen des Verzichts auf Eitelkeit.

Urbar Güter- und Abgabenverzeichnis der Klöster, dient häufig als Quelle für historische Datierung von Orten.

Urbi et orbi Päpstlicher Segen der Stadt (Rom) und dem Erdkreis.

Ursulinen einer der stärksten Orden zur Erziehung von Mädchen.

Visitation ist der Kontrollbesuch der Aufsicht führenden kirchlichen Oberen.

Vulgata grundlegende lateinische Übersetzung der hebräisch-griechischen Bibeltexte.

Wallfahrt Fahrt oder Fußwanderung zu einer heiligen Stätte, wo Reliquien oder Gnadenbilder verehrt werden, häufig verbunden mit traditionellen Gebeten (Rosenkranz) und Dankgottesdiensten.

Weihe die feierliche Verpflichtung einer Person zu einem besonderen Dienst Gottes.

Weihegrade drei Stufen der Klerikerweihe: Diakonat, Priester und Bischof.

Weihrauch Er entsteht durch Verbrennen von Räucherwerk (aus dem Boswellia-Strauch) und wurde aus dem Alten Testament in die Liturgie übernommen.

Wein neben der Hostie (Brot) vom Letzten Abendmahl abgeleitetes Wesenselement des Eucharistiefeier.

Weiße Väter die Mitglieder eines Missionsordens, der sich besonders um Afrika kümmert, von Franzosen 1868 in Algier gegründet.

Zelle einfach eingerichteter Wohn- und Gebetsraum der Mönche und Nonnen und bevorzugter Ort des Alleinseins.

Ziborium verschließbarer Kelch zur Aufbewahrung der Hostien im Tabernakel.

Zisterzienser Reformorden, der die Benediktiner zur strikteren Armut zurück führen wollte. Vgl. S. 18.

Zölibat Verpflichtung zur Keuschheit und Eheverzicht der katholischen Priester.

Bequem und schnell

Alles über Klöster im Internet

Als der Autor Ende der 1990er Jahre mit den Recherchen zur ersten Ausgabe des Klosterurlaubsführers begann, war das Interent noch kein sehr geläufiges Rechercheinstrument, Suchmaschinen wenig genutzt und Klöster nur zögerlich mit Websites vertreten. Die Situation hat sich seither völlig verändert. Kaum ein Kloster verzichtet heute auf eine Homepage und E-Mail-Adressen. Auffallend viele Frauenklöster, die zunächst gezögert haben, öffnen sich inzwischen den Besuchern auf Zeit.

Ein Klosterführer in Buchform kann nicht darauf verzichten, auf die vielfältigen Möglicheiten im Internet hinzuweisen. Darum soll im Folgenden eine Orientierungshilfe gegeben werden, um die Suche im weltweiten Netz zu erleichtern.

Die wichtigste Adresse für eine Recherche in Deutschland ist der Verband der deutschen Ordensgemeinschaften:

http://www.orden.de

Unter der Rubrik „Kloster auf Zeit" können sämtliche Klöster, die in Deutschland Klosterurlaube anbieten, ausgesucht und angefragt werden. Eine weitere Internetseite der Orden bietet eine Art Suchmaschine für Kloster auf Zeit an:

http://www.orden-online.de

Klosterprodukte gelten als besonders wertvoll und natürlich. Produkte aus Klöstern bietet:

http://www.manufactum.de

Preislisten können aber auch auf den Internetseiten der einzelnen Klöster abgerufen werden. Aktuelle Preise und Versandbedingungen werden auf Wunsch per E-Mail genannt.

Klosterreisen:
Wer sich nicht direkt an ein Kloster wenden will oder exotischere Adressen sucht (etwa in Ägypten), kann über ein Reisbüro buchen, beispielsweise bei:

„Studien Kontakt Reisen" in Bonn
Rubrik „Klosterurlaub" im Themen-Katalog: http://www.skr.de
mail: info@skr.de, Tel. 0228/93 573-0

FrauenReisen Hin und weg
http://www.frauenreisenhinundweg.de
mail: frauenreisen@ne-fw.de
Tel. 0431-55 77 91 11

Der Autor erhielt seit dem Erscheinen der ersten Ausgabe neben Anfragen nach Möglichkeiten für Kloster auf Zeit von Frauen, die in den ersten Jahren nicht befriedigend beantwortet werden konnten, auch viele Zuschriften von Interessenten, die gerne für eine kurze Zeit in einem ausländischen Kloster leben wollten. Heute gibt es Angebote für nahezu jeden Bedarf. Die folgende Übersicht soll die Suche erleichtern. Gerade für Kloster auf Zeit im Ausland empfiehlt sich eine Internet-Suche, weil das Angebot allein schon sprachlich den Rahmen eines Buches sprengen würde.

Sprachkenntnisse sollten unbedingt mitgebracht werden, wenn der Weg in ein ausländisches Kloster nicht mit einer Enttäuschung enden soll. Auch wenn Meditation und Stille keine Sprache brauchen, setzen Anleitung, Auskunft und das beratende Gespräch die Kenntnis der jeweiligen Landessprache voraus.

Für eine schnelle und erfolgreiche Suche im fremdsprachigen Internet sind jeweils Stichwörter genannt. Im deutschsprachigen Netz liefert das Stichwort „Klosterurlaub" die meisten erfolgreichen Treffer.

Deutschland
www.orden-online.de
www.kloster-aktuell.de
www.kloster-ettal.de/linksammlung/orden.htm
www.monasterium.net (virtuelles Archiv mitteleuropäischer Klöster)
www.orthodoxfrat.de

Österreich

www.kloesterreich.at
www.orthodoxfrat.de

Schweiz

www.kath.ch/orden/innehalten

Großbritannien

Internet-Suchstichwort: Monastery guide

Für orthodoxe Klöster in Englisch:
www.kurskroot.com/
http://www.benedictines.org.uk/index1.htm

Frankreich und frankophone Länder)

Internet-Suchstichworte: Guide des monastères; Monastères et espaces spirituels, ermitages et maisons de prière en pays francophones

www.culture-routes.lu

www.orthodoxie.com

http://www.spiritualite2000.com/espaces.htm

(Belgien, Luxemburg, Kanada, Frankreich, Schweiz)

http://www.catholiens.org/classements.asp?RefC=1

Unter http://www.dominicains.com/ finden sich Dominikaner-
klöster, darunter auch einige nicht-französische Einkaufsführer

Klosterprodukte aus Frankreich:

http://artisanat-monastique.chez-alice.fr/

Italien

Internet-Suchstichwörter: Guida ai monasteri

http://www.bed-and-breakfast.it/ospitalita_conventuale.cfm

http://www.aimonasteri.it

http://www.monasteri.org

Spanien und spanischsprachige Länder

http://www.catolicos.com/monasteriosespana.htm

mit Links zu Klöstern in aller Welt, nach Ländern geordnet.

Internet-Suchstichwörter:

Guia de conventos

Guia de los monasterios

Literatur

Weiterführende Bücher vor allem zu Klöstern im Ausland

Maurice Colinon: Guide des monastères. France, Belgique, Luxembourg, Suisse. Paris (Editions Pierre Horay), 15. Aufl. 2001.

Maurice Colinon: Guide des monastères. Paris (Editions Pierro Horay) 2000.

Flavio Conti: Abbazie, Monasteri, Eremi. Novara (De Agostini) 1998.

Gerald Drews: Der große Klosterführer. Deutschland, Österreich, Schweiz. Augsburg (Pattloch) 1998.

Erhard Gorys: Zu Gast in Klöstern. München (dtv) 2000.

Gian Maria Grasselli/Pietro Tarallo: Monasteri del mondo. Casale Monferrato (Piemme) 1997.

Gian Maria Grasselli/Pietro Tarallo: Guida ai monasteri d'Italia 2000. Casale Monferrato (Piemme), 12. Aufl. 2000.

Gian Maria Grasselli/Pietro Tarallo: Guide des monastères d'Europe. Paris (Editions Pierre Horay) 1998.

Klosterführer. Christliche Stätten der Besinnung im deutschsprachigen Raum. Mainz (Grünewald), 2., erg. Aufl. 2001 (CD-Ausgabe 2002).

Monika Oberhammer: Pustets Klosterführer Österreich. Salzburg (Pustet) 1998.

Iris Rohmann (Hrsg.): Kloster Arenberg – Der Wohlfühlgarten Gottes: mit allen Sinnen zu neuer Vitalität. Reinbek (Rowohlt) 2007.

Georg Schwaiger/Manfred Heim: Orden und Klöster. Das christliche Mönchtum in der Geschichte. München (C.H. Beck) 2002.

June and Anne Walsh: Bed and Blessings Italy. A Guide to Convents and Monasteries Available for Overnight Lodging. Mahwah/New Jersey (Paulist Press) 1999.

Stafford Whiteaker: The Good Retreat Guide. London (Rider) 2001.

Stille –
Weisheit aus dem Kloster

Von der Weisheit der Klöster lernen: Abstand gewinnen zu Lärm, Hektik und Stress. Aufmerksam werden für das Eigentliche. Stille ist lebensnotwendig geworden.

Hg. von Aurelia Spendel
144 Seiten | Gebunden
mit Schutzumschlag
ISBN 978-3-451-06043-4

HERDER
Lesen ist Leben

Freisein –
Weisheit aus dem Kloster

Der Alltag ist vollgestopft: das fängt beim Terminkalender an und hört beim Kleiderschrank nicht auf: die Kunst des einfachen Lebens, das Freisein von allem, was unnötig beschwert. Neu entdecken, worauf es ankommt.

Hg. von Aurelia Spendel
144 Seiten | Gebunden
mit Schutzumschlag
ISBN 978-3-451-06040-3

HERDER
Lesen ist Leben

Gemeinschaft –
Weisheit aus dem Kloster

Niemand kann nur für sich alleine leben. Von der Weisheit der Klöster lernen: Freundschaft wagen, Illusionen aufgeben, für sich sein und für andere da sein. Verbundenheit erleben, Freiheit und Glück.

Hg. von Aurelia Spendel
144 Seiten | Gebunden
mit Schutzumschlag
ISBN 978-3-451-06041-0